房地产经纪理论与实务

赵庆祥　刘建利　编著

中国建筑工业出版社

图书在版编目（CIP）数据

房地产经纪理论与实务 / 赵庆祥，刘建利编著．—北京：
中国建筑工业出版社，2019.1（2025.1重印）
ISBN 978-7-112-23062-4

Ⅰ．①房…　Ⅱ．①赵…②刘…　Ⅲ．①房地产业—经纪
人—基本知识　Ⅳ．①F293.3

中国版本图书馆CIP数据核字（2018）第284042号

　　本书从房地产、房地产市场的基本概念、理论说起，对于房地产经纪从理论层面，到实务操作的各个环节进行了系统的介绍。全书分为9个章节，分别是：房地产与房地产市场、经纪与房地产经纪、房地产经纪理论、开展经纪业务的前期准备、房地产交易咨询业务操作、房屋租赁经纪和经营业务、存量房屋买卖经纪业务操作、新建商品房买卖经纪业务、房地产经纪规范与管理。并增加了5个附录内容，供读者借鉴使用。

责任编辑：周方圆　封　毅
责任校对：姜小莲

房地产经纪理论与实务

赵庆祥　刘建利　编著

*

中国建筑工业出版社出版、发行（北京海淀三里河路9号）
各地新华书店、建筑书店经销
北京点击世代文化传媒有限公司制版
建工社（河北）印刷有限公司印刷

*

开本：787×960毫米　1/16　印张：14¼　字数：239千字
2019年2月第一版　2025年1月第七次印刷
定价：**45.00**元
ISBN 978-7-112-23062-4
（33148）

房地产经纪行业是房地产业和现代服务业的重要组成部分，通过房地产经纪进行房地产交易是古今中外的普遍做法。房地产经纪人员为房地产交易当事人提供买卖、租赁、抵押、贷款、登记等各种服务，在提高房地产交易效率、降低交易成本、保障交易安全、促进交易公平、维护当事人合法权益、提升房地产利用效率等方面发挥着重要作用。改革开放以来，我国现代的房地产经纪行业随着城镇住房制度改革和房地产市场兴起蓬勃发展，目前房地产经纪人员数量超过百万，房地产经纪机构数量超过二十万家，互联网、大数据、VR 等技术在经纪行业广泛应用，行业发展呈现出网络化、规模化、专业化发展态势。伴随着存量房时代的到来，互联网技术和科学管理工具成为驱动房地产经纪行业发展的新动能，有着千年历史的我国房地产经纪行业正在焕发出新的勃勃生机。

房地产商品特性和房地产交易复杂性决定了房地产经纪行业长久存在。房地产经纪服务的核心要素是房地产经纪人。房地产经纪人的职业化和专业化决定了房地产经纪行业的发展水平。早在 2001 年我国房地产经纪人员职业资格制度建立时，房地产经纪人就归属于专业技术人员类别。但是，15 年过去了，一线房地产经纪人的职业定位依旧停留在"销售员""售楼员""业务员"的层面，离专业技术人员的身份和地位相去甚远。当前房地产经纪人绝大多数不是房地产院系的科班出身，没有受过正规的房地产专业教育，进入房地产经纪公司之后，又过多地接受"话术"训练和"销售技巧"培训，在房地产经纪理论和实务方面教育培训严重不足，造成了目前房地产经纪人的专业素养与职业要求的不匹配，这也严重制约了房地产经纪人职业化进程。提升房地产经纪人的专业胜任能力和经纪服务水平，迫切需要一系列实用的专业书籍，用于房地产经纪人的专业教育和职业培训。

纵观当前市场上的房地产经纪图书，大致分为两类：一类是房地产经纪专业人员职业资格考试参考用书，内容过于原则，实用性不够，一线房地产经纪人读起来感觉不解渴、不给力；另一类是房地产营销内容的图书，这类书籍质量参差不齐，以实操技巧为主，缺乏正确的导向，对提高房地产经纪人的专业素养和职业道德水平没有太大帮助。因此，需要有一本房地产经纪方面的兼顾理论和实务"专业读物"。该书正好弥补了这个不足，它深入浅出地阐述了房地产经纪理论，用大量的图表直观地梳理了房地产经纪实务的流程。理论和实务结合，重点突出，一目了然，方便实用，是一本难得的专业性读物。

该书的最大亮点，是系统地梳理了与房地产经纪相关的理论和学说，夯实了房地产经纪理论基础。过去20多年，房地产经纪业者在业务实践上探索远远快于理论研究。行业研究者的关注点主要集中在管理制度和行业标准方面，对于经纪理论研究少之又少。他山之石可以攻玉，经济学上信息不对称、交易成本、委托代理等理论不仅可以解释房地产经纪存在的必然性，而且能够揭示行业发展的内在规律。本书的第一章到第三章的房地产经纪理论部分，主要阐述的就是这些内容，由北京建筑大学刘建利教授执笔撰写。

北京房地产中介行业协会秘书长　赵庆祥

2018年11月于北京

Contents **目录**

房地产与房地产市场

房地产是房地产经纪媒介交易的标的物，房地产市场是房地产经纪生存和发展的根基与土壤。房地产经纪行业与房地产市场交易相伴而生，与房地产市场衰荣与共。做好房地产经纪工作必须了解房地产和房地产市场。

第一节　房地产的概念、特性与分类

房地产是人们生活的必需品，是不可或缺的生产资料，同时也是各类组织和家庭的重要资产，是国民财富的重要组成部分，因而是关系国计民生的重要产品。房地产业是从事房地产商品开发和经营的产业。房地产业在各国经济发展中均居重要地位，特别是在国家和地区城镇化发展阶段，房地产业更是举足轻重。

一、房地产的含义

房地产是指土地、建筑物及其他地上定着物，是实物、权益和区位三者的结合体。其中，实物是指具体有形的部分，包含两类内容：一是建筑物的外观、结构、材质、设施、装修、地基等；二是建筑物所在的土地，其形状、地形、土壤等。权益是指涉及房地产的一系列权利关系，包括所有权、占有权、使用权、收益权、处置权等。区位是指某房地产与其他房地产在空间上的关系，包括位置、周围的自然景观、人文环境、交通状况、市政配套设施等。

房地产的核心和基础是土地。土地在理论上是一个立体空间，是指地球的陆地表面及其一定范围内的空间，包括地表、地上空间和地下空间范围。

地表范围是该土地在地表上的边界所围合的区域;地上空间范围是从该土地的地表边界向上扩展到无限天空的空间;地下空间范围是从该土地的地表边界呈锥形向下延伸到地心的空间。但现实中,一般地上空间的高度以飞机的飞行高度为限,地下空间的深度以人类的能力所及为限。

我们也可以从"房""地""产"三方面来理解房地产这个概念,除了纯地产外,这三方面三位一体,不可分离。

"房"是指建筑物和其他定着物。建筑物是指人工建筑而成,由建筑材料、建筑构配件和建筑设备等组成的空间场所,包括房屋和构筑物两大类。❶建筑物是人们在其中进行生产和生活的场所,构筑物是为生产生活服务的一些附属设施,比如烟囱、水塔、道路、桥梁等。其他定着物是指固定在土地或建筑物上,与土地或建筑物不能分离,或者分离不经济,或者分离后会破坏土地、建筑物的完整、使用价值或者功能,比如种植的花草、树木,修建的花园、假山、围墙,埋设的管线等。通常这些定着物被视为土地或者建筑物的组成部分或附属物。

"地"包含两方面的含义。一是指土地,即纯地产或建筑物所占用的土地;二是指地段,即区位,既包括房地产所处的空间位置,也包括房地产周边的物质和人文环境。土地是房地产的原始形态,房地产的本质属性源于土地。由于房地产中建筑物与土地的不可分离性以及土地的不可移动性,"地"对于房地产的价值影响巨大。

"产"是指产权,即土地、建筑物及其他地上定着物的产权归属,包括房地产的所有权、占有权、使用权、收益权、处置权等一系列权利,涉及共有、建筑物区分所有、地役权、用益物权等。

因此,从实物形态上看,房地产是"房"和"地"的统一体。从权利关系上看,房地产作为一种资产,体现着多种和多方的经济权利关系。

二、房地产的特点

(一) 不可移动性

房地产又称不动产,不可移动性或称位置固定性是房地产的一个鲜明特性。因此,在房地产交易中不存在"商品流",不可能在区域间调剂余缺。不

---

❶ 刘薇.房地产基本制度与政策 [M] .北京:化学工业出版社,2010:1.

可移动性决定了房地产市场只存在地区性市场，一般一个城市为一个市场，特大城市内部存在区域性市场板块，各地区市场之间在供求状况、价格水平上相差很大。

（二）个别性

个别性，也称独特性、异质性。空间的唯一性决定了任何房地产都是独一无二的。除了空间位置的差异，房地产的个别性还包括利用程度的差异、权利的差异等。房地产的独特性导致不同房地产之间不可能完全替代，因而房地产市场难以实现充分竞争，房地产价格不具有完全的可比性，往往受交易对象和交易者个别因素的影响。

（三）耐久性

与其他商品相比，房地产商品寿命长久。首先，土地不因使用或放置而损耗、毁灭。其次，即便土地不是无限期所有，其所有权或使用权的年限也长达几十年甚至几百年。建筑物的寿命也可维持几十年乃至上百年。

（四）供给有限

长期来看，土地总量有限，因此房地产的供给是有限的；短期来看，房地产生产周期较长，难以在短期内大量生产，因而供给也是有限的。

（五）价值量大

与一般商品相比，房地产不仅单价高，而且总价值量很大，是家庭的重要财产，在一国财富总量中往往也占到 60% ~ 70%。

（六）消费品与投资品的双重属性

房地产首先是满足人们居住或生产经营场所需求的商品。房地产的供给量、价格、品质等对满足居民基本生活需求以及改善生活质量有显著影响，从这个角度而言，房地产是消费品。如果房地产用来出租获利以及增值转售等目的，则表现为投资品。房地产作为消费品或是投资品，实物形态并未发生变化，但所反映的经济和社会关系完全不同，适用的经济规律也大有差异。作为消费品，其供求通过价格规律来调节，价格与需求量呈反向变动；而作为投资品，其供求则是由预期收益水平的升降来调节，价格越上涨，人们对买房后获利的心理预期越强烈，需求就越旺盛，价格与需求量呈同向变动。

（七）易受限制性

由于对国计民生影响重大，各国政府对房地产市场的干预较多，比如对土地用途、建筑高度、建筑密度、容积率、绿地率进行明确规定。同时，房地产的发展受政策影响很大，不仅受到直接限制房地产开发和销售、信贷等政策的影响，还受到国家金融政策、收入政策、税收政策、城镇发展政策、人口政策等的间接影响。

（八）不易变现性

不易变现性即流动性差。这主要是由于房地产商品价值高、不可移动、易受限制等特征造成的。

（九）外部性

外部性，也称外部经济，即一宗房地产会对周围的房地产价值产生影响，也会对周边的社会环境产生影响。外部性可能为正也可能为负。

（十）保值增值性

保值是指房地产作为实物资产可以抵御通货膨胀，增值则是指房地产的价格会以高于通货膨胀率的速度增加，持有房地产能使所有者获益。房地产之所以能够保值增值，原因在于，从长期来看，房地产价格处于不断上升的趋势中，上升的主要原因有：通货膨胀、需求增加而供给有限、对房地产本身进行的投资改良活动、外部经济或相互影响、房地产使用管制改变等。但房地产的保值增值不是一成不变的，当遭遇经济危机或房地产供过于求以及政策突变时，都有可能导致房地产价格的下跌。

三、房地产业

房地产业是从事房地产投资、开发、经营、服务和管理的综合产业。在国民经济产业分类中，属于第三产业。

房地产业主要包括房地产开发经营、房地产服务和其他房地产活动。房地产服务包括物业管理、房地产中介，房地产中介服务包括房地产咨询、房地产估价和房地产经纪（图1-1），因此，房地产经纪是房地产业的组成部分。

房地产开发经营是指取得待开发土地，在进行土地开发（基础设施建设、场地平整等）之后建设房屋，并将开发后的土地和房屋进行销售或出租。在开发经营环节，房地产开发企业是最重要的主体，他们根据对房地产市场未来发展趋势的预判，把资金、相关专业人员、建筑承包商以及开发经营所需要的各种资源集合在一起，完成房地产开发经营活动。在实际生活中，人们习惯于将从事房地产开发经营的行业称为房地产业，这也可以理解为狭义的房地产业。

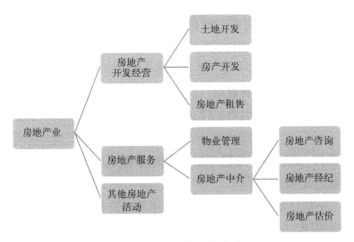

图 1-1 房地产业的构成

物业管理是指对已建成并经竣工验收投入使用的各类建筑及配套设施设备和相关场地进行维修、养护、管理。

房地产咨询业是为参与房地产活动的当事人提供法律法规、政策、信息、技术等方面的解释和帮助，为房地产项目进行市场调研、可行性研究、开发策划、营销方案策划等业务。

房地产估价业主要是分析、测算和判断房地产价值并提出专业意见，为土地使用权出让、转让，房地产买卖、抵押、征收征用补偿、损害赔偿、课税等提供价值参考依据。

房地产经纪业主要是为房地产的转移或租赁提供合适的交易对象，进行牵线搭桥，并促成交易的业务。房地产经纪业能降低房地产市场运行的交易成本，提高运行效率。随着房地产市场由新建商品房的建设和销售为主要业务转为以存量房的租售为主要业务，房地产业的主体也将从房地产开发经营转变为以房地产经纪等服务业为主。

四、房地产的分类

（一）按照开发程度分类

1.生地：指不具有城市基础设施的土地，如农用地、未利用地。

2.毛地：指具有一定的城市基础设施，有地上物（如房屋、围墙、电线杆、树木等）需要拆除或迁移但尚未拆除或迁移的土地。

3. 熟地：是指具有较完善的城市基础设施且场地平整，可以直接在其上建设房屋的土地。按照基础设施完备程度，熟地又可分为"三通一平""五通一平""七通一平"等。"一平"是指场地平整；"三通"一般是指通路、通水、通电；"五通"一般是指具有道路、供水、排水、电力、通信等基础设施条件；"七通"一般是指具有道路、供水、排水、电力、通信、燃气、热力等基础设施条件。

4. 在建工程：是指建筑物已开始建造但尚未竣工、不具备使用条件的房地产，包括停缓建工程。

5. 现房：是指已建造完成、可直接使用的建筑物及其占用范围内的土地。现房按照新旧程度，又可分为新房和旧房。新房按照装饰装修状况，又可分为毛坯房、粗装修房和精装修房。

（二）按照房地产用途分类

1. 居住房地产：是指供家庭或个人居住使用的房地产，可分为住宅和集体宿舍两类。住宅是指供家庭居住使用的房地产，又可分为普通住宅、高档公寓和别墅。集体宿舍又可分为单身职工宿舍、学生宿舍等。

2. 办公房地产：是指供办理各种事务性工作使用的房地产，即办公楼，又可分为商务办公楼（俗称写字楼）和行政办公楼两类。

3. 零售商业房地产：是指供陈列、出售商品使用的房地产，包括商业店铺、百货商场、购物中心、超级市场、交易市场等。

4. 旅馆房地产：是指供旅客住宿使用的房地产，包括宾馆、饭店、酒店、度假村、旅店、招待所等。

5. 餐饮房地产：是指供顾客消费餐饮服务使用的房地产，包括酒楼、美食城、餐馆、快餐店等。

6. 体育和娱乐房地产：是指供人健身、消遣、比赛使用的房地产，包括体育场馆、保龄球馆、高尔夫球场、滑雪场、影剧院、游乐场、娱乐城、康乐中心等。

7. 工业房地产：是指供工业生产使用或直接为工业生产服务的房地产，包括厂房、仓库等。

工业房地产按照用途，又可分为主要生产厂房、辅助生产厂房、动力用厂房、储存用房、运输用房、办公用房、其他用房（如水泵房、污水处理站等）。

8.农业房地产：是指供农业生产使用或直接为农业生产服务的房地产，包括农地、农场、林场、牧场、果园、种子库、拖拉机站、饲养牲畜用房等。

9.特殊用途房地产：包括汽车站、火车站、机场、码头、医院、学校、博物馆、教堂、寺庙、墓地等。

10.综合用途房地产：是指具有上述两种以上（含两种）用途的房地产，如商住楼。

（三）按照房地产实物形态分类

1.土地：又可分为无建筑物的空地和有建筑物的土地。

2.建筑物：又可分为已建造完成的建筑物和尚未建造完成的建筑物。

3.土地与建筑物的综合体：又可分为土地与已建造完成的建筑物的综合体即现房和土地，土地与尚未建造完成的建筑物的综合体即在建工程或房地产开发项目。

4.房地产的局部：不是整幢房屋，而是其中的某层、某套。

5.已经灭失的房地产：已被拆除的房屋，已被火灾、地震等灾害完全损毁的房屋。

6.以房地产为主的整体资产或者包含其他资产的房地产。正在运营、使用的宾馆、餐馆、商场、汽车加油站、高尔夫球场、影剧院、游乐场、码头等。

7.整体资产中的房地产。例如，一个企业的土地或房屋。

（四）按照房地产是否产生收益分类

按照房地产是否产生收益，可以把房地产分为收益性房地产和非收益性房地产两大类。收益性房地产是指能直接产生租赁收益或其他经济收益的房地产，包括住宅（主要指公寓）、写字楼、旅馆、商店、餐馆、游乐场、影剧院、停车场、加油站、标准厂房（用于出租的）、仓库（用于出租的）等。非收益性房地产是指不能直接产生经济收益的房地产，例如未开发的土地、行政办公楼、学校、教堂、寺庙等。判定一宗房地产是收益性房地产还是非收益性房地产，不是看该房地产目前是否正在直接产生经济收益，而是看该种类型的房地产在本质上是否具有直接产生经济收益的能力。

（五）按照房地产经营使用方式分类

房地产的经营使用方式主要有销售、出租和自用（自住或营业）三大类，依此可以把房地产分为销售的房地产、出租的房地产和自用的房地产（包括住户自住和企业自身营业使用）。

第二节　房地产市场

市场是买卖双方相互作用并得以决定其交易价格和交易数量的一种组织形式或制度安排❶，只要存在商品交换就存在市场。房地产商品的特殊性导致房地产市场在运行上也有一些特性，需要房地产经纪人员了解和掌握。

一、房地产市场与分类

狭义的房地产市场是指房地产商品交换的场所，比如房地产交易中心、土地交易中心、不动产交易所等。

广义的房地产市场是指在房地产流转过程中发生的一切经济关系的总和，包括房地产市场的主体、客体、运行机制等。其内涵既包括土地、房产及相关的劳务服务等交易行为，又包括土地所有权和使用权的有偿转让，以及租赁、典当、抵押等各类经济活动。房地产市场是所有这些交换和流通关系的总合，体现了市场中当事人之间错综复杂的经济关系。

按照房地产商品的用途，房地产市场可以分为住宅市场、商业房地产市场、工业房地产市场、写字楼和其他房地产市场，每一类又可以进一步细分，比如住宅市场可以分为普通住宅市场、公寓市场、别墅市场。

按照房屋的供货时间可以将房地产市场分为现房市场和期房市场。

按照房地产的权益让渡方式可以将房地产市场分为买卖、租赁、抵押、典当、置换、股权交易等市场类别。

房地产市场还可以按照结构层次划分为一级市场、二级市场和三级市场。一级市场又称土地一级市场，是土地使用权出让市场，即国家通过其指定的政府部门将城镇国有土地或将农村集体土地征用为国有土地后出让给使用者的市场，出让的土地可以是生地，也可以是经过开发的熟地。二级市场主要是房地产增量市场，是土地使用者经过开发建设，将新建成的房地产进行出售和出租的市场，一般指商品房首次进入流通领域进行交易而形成的市场。房地产二级市场也包括土地二级市场，即土地使用者将达到规定可以转让的土地，进入流通领域进行交易。三级市场主要是房地产存量市场，是购买了

---

❶ 高鸿业. 西方经济学第 4 版 [M]. 北京：中国人民大学出版社，2007：183.

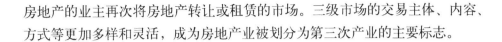

房地产的业主再次将房地产转让或租赁的市场。三级市场的交易主体、内容、方式等更加多样和灵活，成为房地产业被划分为第三次产业的主要标志。

二、房地产市场的构成

房地产市场是一个系统，由多个要素构成，各要素之间互相联系并相互作用，形成一个完整的房地产市场。房地产市场体系通常由四部分组成：一是以供求双方为中心的房地产交易系统，该系统主要由房地产供给方和需求方组成，是房地产市场体系的基本构成要素；二是以中介服务机构为中心的房地产支付服务系统，主要包括房地产评估、经纪、咨询服务、律师服务和房地产金融服务等；三是以物业服务企业为中心的物业管理服务系统；四是以政府为中心的房地产管理和调控系统（图1-2）。

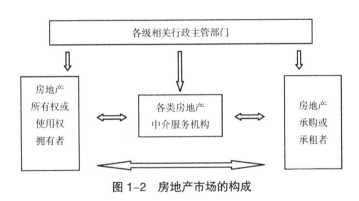

图1-2　房地产市场的构成

三、房地产市场的特征

（一）权益性

在房地产交易中，流通的实际是房地产权益，交易完成的标志在于房地产的权益变更完成，不涉及土地或建筑物的实物形态。交易的房地产权益有多种，可以是所有权、使用权、收益权等，也可以是部分所有权和其他权利的组合。

（二）地区性

房地产的产地和消费地合一，人们往往基于居住习惯、工作地点、基础设施完善程度、交通便利或个人偏好等因素选择特定区域内的房屋，区域之间房地产的替代性较差，因此不能在地区之间调剂余缺，各区域市场上的供需差异和特点非常显著。

（三）竞争不充分性

房地产市场竞争不充分，主要有三方面原因：（1）房地产商品的异质性。房地产商品由于区位、规划、设计、质量等多方面的原因，是异质产品，可替代性差，导致某种程度的垄断；（2）市场信息不充分，信息主要掌握在供应者手中，交易的个别性也决定了价格等不具有完全可比性，因而成交条件常常取决于当事人的谈判，偶然性和个别性都较强；（3）房地产商品选择的有限性，土地的有限性、区位的唯一性、开发周期较长等原因都导致一定时间一定区域内上市的房地产数量极为有限；（4）政府经常用各种调控手段和干预政策来实现各项宏观调控目标。

充分竞争市场和房地产市场的比较 表 1-1

比较项目	充分竞争市场	房地产市场
交易双方数量	众多	相对较少
交易商品的替代性	替代品多，替代性强	几乎没有完全替代品
可移动性	可通过运输调节区域间的供给	不可移动，无法区域间调剂余缺
交易难度	交易决策和程序简单	交易决策和程序复杂，受到许多政策和法规的约束
购买规模和难度	一次性购买价值量小，购买频率高	一次性购买价值量大，购买频率很低
价格变动规律	上下波动	原则上呈上涨趋势，下跌一般发生在特殊时期
受政策影响	较低	较高

（四）投机性较强

土地供给缺乏弹性，房地产供给还受到多种限制，弹性也比较小，基于供给总体上缺乏弹性，因此房地产商品的价格主要取决于市场需求量。全球处于城镇化率不断提升以及人们对居住条件的要求不断提高的趋势中，因此总需求不断扩大，房地产价格长期上涨，而信贷政策又使房地产投资回报具有了杠杆效应，从而使房地产市场具有了较强的投机性。

（五）银行等金融机构及中介机构参与多

房地产商品价值量大，无论是房地产的购买者还是投资经营者都难以承担全部费用，因此，常常借助银行等金融机构融资，以保证房地产开发和交易能顺利完成。由于房地产具有保值增值性，价格下降的风险较小，金融机构也常常将房地产抵押贷款、按揭贷款和项目开发信贷业务作为优质业务大力开展。

房地产交易过程环节多而复杂，牵涉法律、金融、交易风险等方面的问题，专业性很强，由于市场信息不充分而且消费者缺乏交易经验，因此常常需要借助中介机构的帮助，获得信息咨询、价格评估、交易媒介、业务代理、法律仲裁等服务，以提高交易的成功率和便捷度。

第三节　房地产价格

房地产价格在整个商品价格体系中处于基础价格的地位。在生产领域，房地产是一切商品生产和服务提供的空间与场所，房地产价格作为生产要素，既影响商品的物质成本又影响工资成本，作为基础性价格，房地产价格水平一定程度上决定着市场总体的价格水平。房地产作为重要的消费产品，对居民的生活水平影响显著。

一、房地产价格与特点

房地产价格是房地产商品的货币表现。房地产价格是建筑物连同其占用土地的价格。与一般商品的价格相比，房地产价格存在一些特殊性：

1. 受区位影响很大。房地产的区位直接影响到所有者或占用者的经济效益、生活便利或社会影响，区位的差异会导致房地产价格相差悬殊。

2. 房地产价格同时受权益和实物状况的影响。权益明确、剩余期限长、实物状况好的房地产价格就高，实物状况相同的房地产，权益小、产权不明确或权属有争议、有违法违章嫌疑的，价格会比较低，相反，即便实物状况差，如果权益较大，价格可能较高。

3. 房地产价格具有多种表现形式。房地产存在着买卖、租赁、抵押、典当、入股等交易方式，在不同的交易方式中，房地产价格也有不同的表现形式，如销售价格、租赁价格、抵押价、典当价等。

4. 房地产价格与用途有很大相关性。一般商品的价格不会随用途而改变，而房地产价格却与用途联系密切，同一宗房地产作为居住用房出租是一种价格，作为商业用房出租是另一种价格，用途不同，价格殊异。

二、房地产价格的类型

（一）成交价格、市场价格、理论价格和评估价值

1. 成交价格

成交价格是指在一笔交易中交易双方实际达成交易的价格。成交价格是已经完成的事实价格，是个别价格，房地产的交易价格随着交易者的财力、动机、对交易对象和市场行情的了解程度、购买或出售的急迫程度、讨价还价能力、交易双方之间的关系、卖者的价格策略等而不同。

房地产的成交价格是个别的卖者、买者谈判的结果。卖者的要价是卖者出售房地产时愿意接受的价格，通常会有一个内心愿意接受的最低价，只有买者的出价高于或等于这个最低价时，卖者才愿意出售，其心态是超出此价格越多越好。买价是买者在购买房地产时愿意支付的最高价格，卖者的要价必须低于这个最高价格他才愿意购买，其心态是在此价格之下越低越好。卖价和买价都只是买卖双方中一方愿意接受的价格，在实际交易中，只有当最高买价高于或等于最低卖价时，交易才可能达成。

成交价格可能是正常的，也可能是不正常的。正常成交价格是交易双方在市场公开、信息通畅、平等自愿、诚实无欺的情况下形成的价格，不受诸如垄断或强迫交易、对市场行情不了解等因素的影响，反之则为非正常成交价格。

2. 市场价格

市场价格简称市价，是指某种房地产在市场上的平均价格水平，是该类房地产大量成交价格的抽象结果，比如平均数、中位数或众数。

3. 理论价格

理论价格是在"经济人"的假设下，真实需求（有购买意愿和购买能力的需求）和真实供给（达到一定价格水平愿意出售的供给）相等时形成的价格。凡是影响真实需求和真实供给的因素，比如国民收入水平、住房信贷政策、土地价格等都会影响到理论价格。与市场价格相比，理论价格是长期均衡价格，市场价格会围绕理论价格上下波动。通常成交价格围绕市场价格波动，市场价格围绕理论价格波动。

4. 评估价值

评估价值也叫评估价格、估计价值，简称评估价、评估值，是估价师依

据一定的评估规则并参考市场价格，对作为估价对象的房地产估算的价格。

（二）土地价格、建筑物价格和房地价格

1. 土地价格

土地价格简称地价。如果是一块空地，即指这块土地的价格。如果是一块有建筑物的土地，是指其中的土地部分的价格，不包含地上建筑物的价格。土地估价时，根据土地的位置、设施完备程度和场地平整程度而评估价格有所差异。

2. 建筑物价格

建筑物价格是指建筑物部分的价格，不包含建筑物占用范围内的土地价格。我们通常说的房价是建筑物价格与建筑物占用范围内土地的价格，而不是纯建筑物的价格。

3. 房地价格

房地价格，房地价格即人们通常所说的房价，也称房地混合价，是指土地和建筑物综合体的价格，或者建筑物及其占用范围内土地的价格，或者土地及其地上建筑物的价格。

对于同一宗房地产来说，存在"房地产价格＝土地价格＋建筑物价格"的关系，但是这一关系所表达的是一宗房地产的价格归属于这三个对象，并不是表明房地价格总是在数值上等于土地价格和建筑物价格的数值之和。在房地产分割时，分割后的各个独立部分的价值一般小于分割前的整体价值；在房地产合并时，合并后的价值一般大于合并前各个独立部分的价值之和。

（三）总价格、单位价格和楼面地价

1. 总价格

总价格是指某一宗或某一区域范围内房地产整体的价格。总价格可以是一宗土地的价格，可以是一份物业的价格，还可能是指一个城市或一个地区的全部房地产的价格。

2. 单位价格

单位价格也称单价。土地单价是指单位土地面积的价格，建筑物单价是指单位建筑物面积的价格，房地单价是指单位建筑物面积的房地价格。房地产的单位价格可以反映当地房地产价格水平的高低。

3. 楼面地价

楼面地价是按照土地上的建筑物面积均摊的土地价格，二者存在土地总价＝楼面地价 × 总建筑面积的关系。由此可以推导出楼面地价、土地单价和容积率三者之间的关系为：

$$楼面地价 = \frac{土地总价}{土地总面积} \times \frac{土地总面积}{建筑总面积} = \frac{土地单价}{容积率}$$

楼面地价往往比土地单价更能反映出土地价格水平的高低。比如 A、B 两块土地，A 土地单价为 800 元 /m²，B 土地单价为 600 元 /m²，在 AB 两块土地条件相同的情况下，A 土地显然比 B 土地贵，但是如果 A 土地的容积率为 2，B 土地的容积率为 1.2，则 A 土地的楼面地价为 400 元 /m²，B 土地楼面地价为 500 元 /m²，那么购买 A 土地的盈利显然比 B 土地更丰厚，因为在同一地区、用途、质量和建筑结构类似的房屋市场售价基本相同。但是也应考虑到在人们对环境要求不断提升的趋势下，高容积率意味着建筑密度大，环境可能会受到一定程度的影响，因此售价或许略低。因此，应综合考虑多方面的因素进行决策。

（四）基准地价、标定地价和房屋重置价格

1. 基准地价

基准地价也叫城市基准地价，是指在某个城镇的一定区域范围内，对现状利用条件下不同级别或不同均质地域的土地，按照商业、办公、居住、工业等用途，分别评估确定的一定使用期限的建设用地使用权在某一时点的平均价格。

2. 标定地价

标定地价是指政府根据管理需要，评估的某一宗地在正常土地市场条件下于某一时间的建设用地使用权价格。标定地价是该类土地在该区域的标准指导价格。

3. 房屋重置价格

房屋重置价格是假设房屋在估价时点重新建造与旧有建筑物完全相同或具有同等效用的全新状态的建筑物时，所必要的建筑费、其他费用和正常的利税。

（五）所有权价格、使用权价格和其他权益的价格

1. 所有权价格

房地产所有权价格是指完整产权意义上的价格，所有权为占有权、管理权、

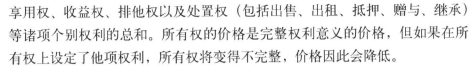

享用权、收益权、排他权以及处置权（包括出售、出租、抵押、赠与、继承）等诸项个别权利的总和。所有权的价格是完整权利意义的价格，但如果在所有权上设定了他项权利，所有权将变得不完整，价格因此会降低。

2. 使用权价格

房地产的使用权价格实质是租赁价格。我国目前有偿出让和转让的土地的价格都是使用权价格。从政府获得的土地使用权的价格，法定名称为出让金，但在现实中有各种演变，多称为地价款。

3. 其他权益的价格

其他权益的价格泛指除所有权价格、使用权价格以外的各种房地产权益价格，如典权价格等。

（六）买卖价格、租赁价格、典当价格、抵押价格、保险价格、课税价格和征用价格

1. 房地产买卖价格是房地产权利人通过买卖方式将其房地产转移给他人，由房地产权利人（出卖方）收取、他人（购买方）支付的货币额或其他等价物。

2. 房地产租赁价格常称为房地产租金，仅指土地租金时称为地租，是权利人作为出租人将房地产出租给承租人，由出租人收取、承租人支付的货币额或其他等价物。房租可以按使用面积计算或建筑面积计算，或者按一套或一宗计算。

3. 房地产典当价格是在设定典权时，由出典人收取、典权人支付的货币额或其他等价物。典当价格往往低于房地产的市场价格。

4. 房地产抵押价格是债务履行期满债务人不履行债务，通过对抵押房地产折价或者拍卖、变卖所最可能实现的价格，或者在设定抵押时约定的价格。

5. 房地产保险价格是将房地产投保时，为确定保险金额提供参考依据而评估出的价格。评估保险价格时，估价对象的范围应视所投保的险种而定。

6. 房地产课税价格是为课税的需要，由估价人员评估的作为计税依据的价格。具体的课税价格要视税收政策而定。

7. 房地产征用价格是政府强制取得或强制使用房地产时给予权利人的补偿金额。

（七）现房价格和期房价格

依据商品房交割的时间不同，房地产价格分为现房价格和期房价格，二

者之间存在下列关系：

期房价格＝现房价格—预计从期房到建成交房所需时间内可比现房出租的净收益的折现值—风险补偿

（八）起价、标价、成交价和均价

1. 起价是指所售商品的最低价格。对于房地产商品来说，起价通常是一批待售商品房中楼层、朝向、户型最差的房屋的售价，其目的是以这种低价格吸引求购者关注和咨询，以获得进一步营销的机会，因此起价不能反映商品房真实的价格水平。

2. 标价也叫报价或表格价，是商品房出售者在价目表上标注的不同楼层、朝向、户型商品房的出售价格。大多数情况下，买卖双方可以在标价的基础上讨价还价，卖方可能会在标价的基础上做出不同程度的让步。

3. 成交价是商品房买卖双方的实际交易价格，商品房买卖合同中写明的价格一般就是这个价格。

4. 均价是销售商品房的平均价格，有标价的平均价格和成交价的平均价格，成交价的平均价格一般可以反映所销售的商品房的总体价格水平。

（九）保留价、起拍价、应价和成交价

这是在房地产拍卖中出现的一系列价格名称。

1. 保留价也叫拍卖底价，是在拍卖房地产前确定的可售的最低价格。拍卖分为无保留价拍卖和有保留价拍卖。有保留价拍卖是在拍卖前对要拍卖的房地产进行估价，确定一个比较合理的保留价。如果竞买人的最高应价未达到保留价时，该应价不发生效力，拍卖师应停止该房地产的拍卖。拍卖房地产无保留价的，拍卖师在拍卖前应该予以说明。

2. 起拍价也称开叫价格，是拍卖师在拍卖时首次报出的拍卖房地产的价格。拍卖有增价拍卖和减价拍卖。增价拍卖是在起拍价的基础上从低往高叫价，直到最后由出价最高者获得。减价拍卖是从起拍价开始逐次喊出逐步降低的价格，直到有竞买人表示接受。

3. 应价是竞买人对拍卖师报出的价格的应允，或是竞买人自己报出的购买价格。

4. 成交价是经拍卖师落锤或者以其他公开表示买定的方式确认房地产竞买人的最高应价。在有保留价的拍卖中，最高应价不一定是成交价格，只有在最高应价高于或等于保留价的情况下，最高应价才成为成交价。

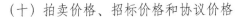

（十）拍卖价格、招标价格和协议价格

拍卖价格是采取拍卖方式交易（或出让）的房地产的成交价格。招标价格是采取招投标方式交易（或出让）房地产的成交价格。协议价格是指采取协议方式交易（或出让）房地产的成交价格。

第四节　房地产市场运行

由于影响房地产供求的各种因素不断变化，因此房地产市场在动态中运行。对于房地产市场的运行机制，经济学中形成了一些经典模型，其中丹尼斯·迪帕斯奎尔和威廉·C.惠顿在《城市经济学与房地产市场》中建立的模型颇具代表性和对现实的解说性。

房地产市场运行机制

房地产市场上的各类参与人员相互依赖、制约与博弈，通过市场的供求机制、价格机制等相互作用，推动房地产市场运行。

（一）房地产市场均衡价格形成——房地产市场运行机制的静态分析

房地产市场上，对房地产商品的需求量随价格的升高而下降，对房地产商品的供给随价格的升高而增加，当房地产商品的供给量与需求量相等时，房地产市场达到均衡，此时的价格为均衡价格，此时房地产市场上的商品房数量为均衡数量。均衡状态的房地产市场上，房地产供给方的房屋，包括新建房屋和愿意以此价格出售的存量房全部销售出去，凡是愿意以此价格购买房屋的需求方都得到了满足。

市场均衡的达成是一个逐步的过程，如图 1-3 所示。房地产市场达到均衡时，均衡价格为 P_E，均衡数量为 Q_E。如果房地产价格上涨为 P_1，由于供给方（诸如开发商、有多余房产的人、房地产投资者等）的利润增加，市场上会有更多的房地产供给，房地产供给量从 Q_E 增长到 Q_{S_1}。而房地产需求方由于价格上涨需求量从 Q_E 下降到 Q_{D_1}。由于 Q_{S_1} 的数量大于 Q_{D_1}，会有部分房地产商品卖不出去，出现滞销，于是供给方不得不降低价格，房价下降会吸引需求数量上升，这一过程持续下去，直至 $P_1 = P_E$，市场达到均衡。相反，如果房地产价格下降到 P_2，由于房价低于均衡价格，供给方的利润减少，就会减少房地产的供给量到 Q_{S_2}，而房地产价格降低则会促使需求方需求量增加到

Q_{D_2}，由于供不应求，房地产价格会上升，导致供给增加同时需求减少，这一过程将一直持续到 P_2 上升到 P_E，市场再次达到均衡。

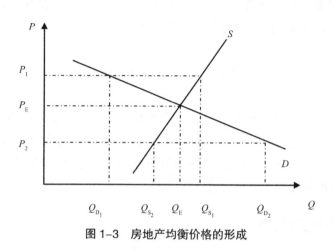

图 1-3　房地产均衡价格的形成

（二）蛛网模型——房地产市场运行机制动态分析

蛛网模型是由美国经济学家 Schultz、意大利经济学家 Ricel 和荷兰经济学家 Tinbergen 分别提出的。蛛网模型是把时间引入均衡分析中，运用弹性概念解释某些生产周期较长的商品在失去均衡时发生的不同波动情况的一种动态分析理论。

房地产蛛网模型建立的假设条件是：（1）房地产供给存在时滞，由于房地产建设周期较长，从开发到产品投入市场需要一段较长的建设周期；（2）房地产需求对价格变化的反应较为灵敏，其反应的时滞小于供给的时滞，可以认为价格一旦发生变动，房地产的需求量就会发生变动；（3）房地产市场信息不完全，开发商无法做出合理的市场预期，只能根据目前的价格决定下一期的产量，本期的产量则是由上一期的价格决定的。

根据房地产市场中供给价格弹性和需求价格弹性的相对大小，市场均衡点的移动形式分为三种类型：收敛式蛛网模型、扩散式蛛网模型和封闭式蛛网模型。

1. 收敛式蛛网模型

当房地产商品的需求价格弹性大于供给价格弹性时，由于房地产供给者只能根据当前价格决定下一期的供给量。从长期来看会使得房地产价格和产量的变动幅度越来越小，最后呈现出稳定的均衡状态。如图1-4（a）所示。

2.扩散式蛛网模型

当房地产的需求价格弹性小于供给价格弹性时，由于房地产供给者无法预测下一期的房地产价格，只能按照当期的价格决定下一期的供给量。从长期来看，房地产价格和产量的变动幅度将越来越大，无法达到均衡点，市场呈现不稳定状态。如图1-4（b）所示。

3.封闭式蛛网模型

当房地产的需求价格弹性等于供给价格弹性时，由于房地产供给者无法预测下一期的房地产价格，只能按照当期的价格决定下一期的供给量，从长期来看，房地产价格和产量的变动幅度将固定不变，房地产市场呈现不稳定状态，永远无法达到均衡状态。如图1-4（c）所示。

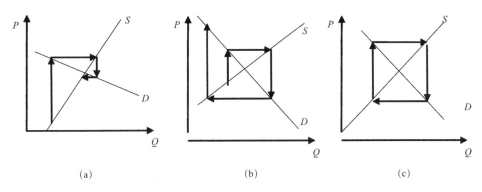

图1-4 房地产市场蛛网模型

（a）收敛式蛛网模型；（b）扩散式蛛网模型；（c）封闭式蛛网模型

第二章

经纪与房地产经纪

经纪是一个古老且广泛存在的行业，房地产经纪是经纪行业中的一个分支，是房地产业的重要组成部分。由于房地产商品和交易的特殊性，房地产经纪行业具有自身的特色。

第一节　经纪概述

一、经纪的含义

经纪是指自然人、法人和其他经济组织通过居间、代理、行纪等服务方式，促成委托人与他人的交易，并向委托人收取佣金的中介服务活动。

经纪存在于某些特殊的商品交易领域，在这些领域中，由于商品具有特殊性或存在交易障碍，使得交易困难或交易成本很高，而经纪能够克服交易障碍、降低交易成本，促进交易达成。经纪是一种有偿活动，经纪人员为交易双方提供信息、媒介、代办等多种服务，收取佣金和服务费。

现实中，人们常常把经纪称为中介，严格来讲，中介是指直接或间接促成市场交易而进行的所有经济活动的总称。中介包含三类活动：一类是提供关于交易标的的品质、技术或其他综合信息的活动，以解决交易标的不易识别的问题；第二类是提供关于交易主体信息的活动，以解决交易对象不集中、不易被发现的问题；第三类是直接代理交易的一方完成交易程序，这是解决交易程序复杂的问题。经纪作为中介的一种特定活动类型，主要解决第二类和第三类问题，其活动成果以是否促成交易达成来体现。

二、经纪的方式

根据经纪人员和委托人的关系和行为方式的不同，通常把经纪活动分为居间、代理、行纪三种。

（一）居间

居间是指经纪人向委托人报告订立合同的机会或者提供订立合同的媒介服务，撮合交易成功并向委托人收取佣金的行为。在居间活动中，经纪人以自己的名义开展活动，向双方提供信息，并促成交易。居间的特点是经纪人员在撮合成功之前与委托人之间一般没有明确的法律关系。

（二）代理

代理是指经纪人受买方或者卖方的委托，以委托人的名义与第三方进行交易，并由委托人承担相应法律责任的经济行为。在代理活动中，代理人直接参与交易活动，以委托人的名义按照委托人的要求行事，在委托权限内，代理人的行为结果由委托人承担。

（三）行纪

行纪是指经纪人受委托人的委托，以自己的名义与第三方交易，并承担规定的法律责任的经济行为。行纪主要有两个特征：一是经委托人同意或双方事先约定，经纪人可以以低于（高于）委托人制定的价格买进（卖出）标的物，并因此增加报酬；二是除非委托人不同意，对有市场定价的商品，经纪人自己可以作为买受人或卖出人。除了经纪人自己买受委托物，大多数情况下，经纪人在行纪中并不拥有交易标的物的所有权，即便是以自己的名义买卖商品，但仍然是依照委托人的委托进行的活动，因此，与自营有别。

三、经纪的历史发展

从词义的变化来看，经纪的"中介"含义是逐步产生的。经纪一词在我国初现于先秦时期，表示"日月星辰进退疾驰的度数"，进而含有纲常法度的意思。汉代"经纪"一词出现了"贯通"的含义。至魏晋南北朝时期，"经纪"作为动词广泛使用，有"经营、管理、料理"的意思。至宋元时期，经纪一词开始广泛指买卖双方的中介，在《初刻拍案惊奇》《金瓶梅词话》等多部文献和小说中，都提到从事中介活动的经纪人、经纪行，在官方公文中也出现了"经纪"之称。❶ 在著名的清明上河图中，也绘有衣袖一长一短的经纪人形象。

在我国，经纪活动起源于两千多年前汉代的马市交易，由于卖方要价和买方出价经常相差悬殊，双方很难谈拢，于是出现了"驵侩"，这些人评判马的状况，结合市场行情给出比较公平的价格，说服双方接受，提高了交易成功率，缩短了交易时间。驵侩们主持公道、收费低廉，大大方便了双方交易，成为颇受尊敬的职业。后来"侩"逐渐普及到其他行业，泛指一切经纪人。从唐朝开始，"侩"这一称谓开始被"牙"取代，成为经纪的统称。自汉至唐的各个朝代中，经纪一直作为促进交易的伴生行业存在，规模不大，社会影响力也非常有限，这一情况到唐朝有了变化。

唐朝商业空前繁荣，但行商坐贾隐瞒赋税的情况愈益严重，而政府人力却严重不足，难以监督严查，于是借助熟悉商情的"牙人"收取税赋，由此唐朝的经纪行业开始具有政府职能，社会影响力大大提升。

宋代沿用唐朝的方法，让牙人管理市场，并以官府名义向牙人发放身牌，牙人开始逐渐越出交易领域，参与政府事务。宋熙宁五年，宋神宗决定由市易司招募牙人，以官府名义从客商手中买进滞销货物，或令官商将其折变为市易司的货物，低息赊与行铺销售。宋朝实行的这种特殊的"和买""官榷"政策使经纪人把侩、吏、商三种角色集于一身，改变了他们的活动目标和程序，同时也使牙人在交易中获得了一般商人无法企及的特殊地位。至后期，牙人压低买价、抬高卖价，轻入重出，收敛高利，这种情况激起了朝野人士的普遍嫌恨。❷

元朝时，官府垄断了国内外商业，经纪业凋零，仅有"舶牙"作为进出口代理人存在。

明朝商业发达，市场不断扩大，但小商品生产者对商业行情的了解日益困难，于是牙人又空前活跃起来，出现了"买货无牙，秤轻物假；卖者无牙，银伪价盲"的情况。明朝不仅牙行非常活跃，而且出现了官牙和私牙。官牙是政府指定的经纪人，协助官府掌握商业行情并管理，领到政府颁发的印信文簿后，要如实填写客商船户的姓名、路引字号、货物数目，每月赴官查照。私牙也要得到政府的允许，并领取"牙贴"——营业执照，自行招揽生意，

---

❶ 作者根据文献资料整理。李顺."经纪"词义演变探析 [J].唐山师范学院学报 .2015(7):27-30.
❷ 作者根据文献资料整理。周群华 . 历史上的经纪人及行业组织 [J]. 天府新论 .1995(6):79-85.

缴纳"牙税"。

到了清代，实行行商制度，除了沿袭明时的官牙私牙，官牙中又出现了在官设商行中负责承销外商进口商品、代外商收购出口货物、代表外商缴纳关税和礼规，同时代表政府管束外国商人的经纪人。鸦片战争后，外商获得在各通商口岸自由贸易的权利，行商制度消亡，部分商行转化为外商的买办，成为外商企业在中国雇佣的居间人或代理人。❶

民国时期，政府颁布的《六法全书》《民法总则施行法》对经纪人的活动予以承认并保护，因此，民国时期经纪人得到了较大的发展，并出现了分化。一部分经纪人员集中在上海、广州、天津等大的沿海城市，在洋行、银行、轮船公司、保险公司等涉外企业工作，为洋行的进出口业务做中介，为了方便交易，他们往往自己成立公司，这些公司基本是皮包公司，只做中间的转手、联系，是一种非完全的经纪业务，因为有时这些公司也取得商品的所有权，但主要是代理和居间。另外一些人在证券交易所中，作证券经纪人。此外，在农村的集市以及一些大城市的现货商品市场中，还有一些人仍履行着传统的经纪人的职责。

1949 年后，随着计划经济体制的建立，经纪行为基本消失，只有在农村的集市贸易中，允许人们从事为促成农副产品交易而进行的居间活动。1992年后，我国正式确立了市场经济体制，一些市场中重新产生了对经纪活动的需求，经纪行业涉及的范围不断扩展，从业人员的从业资质越来越严格、行为越来越规范化、整体素质不断提高。

四、经纪活动的作用

对于经济运行来说，经纪活动发挥着润滑剂和催化剂的作用，经纪活动通过信息整理和传播活动减轻交易障碍，通过居间和代理等活动加速交易实现，降低交易成本，提高资源配置效率。

（一）经纪活动能够传播产品和交易信息

信息是经济运行的命脉，在掌握全面信息的基础上，企业才能够实现资源的优化配置，才能够在更广大的地域、产业范围和更长的产业链条上组织生产和经营，但是企业自身可能不具备搜集和处理大量信息的渠道和能力，

---

❶ 作者根据文献资料整理。周群华. 历史上的经纪人及行业组织 [J]. 天府新论 .1995(6):79-85.

必须借助专业化的外部力量。经纪机构作为专业处理信息的企业，有更广泛的途径获取信息，并通过专业人员的解读和处理方式分析出数据中隐藏的趋势、机遇、威胁等信息，为企业和各种组织提供更有价值的服务。

（二）经纪活动能够降低商品流通成本

在买卖双方之间由于掌握信息的片面性，或者对市场行情不了解，常常难以找到合适的交易对象，抑或难以和交易对象就交易条件达成一致，导致成交难、成交速度慢，从整体上降低了商品周转速度，导致流通成本高。经纪活动借助专业人员对交易信息进行整理提炼，对交易谈判进行专业化的协助，因此大大提高了成交率且缩短交易时间，因而降低商品流通成本。

（三）经纪活动能够优化社会资源配置

经纪活动能够引导社会资源合理流动，更大更快地实现价值，从总体上实现社会资源的优化配置。在市场经济中，市场起着主要的基础性的资源配置作用，经纪活动有助于沟通供求双方、加快信息传播，通过委托业务将有关产品竞争力的分析和判断传递给相关企业和交易主体，为企业做出正确决策提供向导。在经纪活动中，由于经纪人和客户之间无连续性关系，经纪人员能依据公认的竞价原则为买卖双方促成交易。这种活动可以有效地引导交易双方将资源配置到更优位置。

第二节　房地产经纪概述

一、房地产经纪的含义

房地产经纪又称为"房地产经纪服务"，是指房地产经纪机构和房地产经纪人员为促成房地产交易，向委托人提供房地产居间、代理等服务并收取佣金的行为。

房地产经纪活动的行为主体是房地产经纪机构和经纪人员；房地产经纪活动的目的是通过促成房地产交易获得佣金；房地产经纪活动的方式是居间和代理。

房地产经纪属于房地产中介服务，但与其他房地产中介服务相比，房地产经纪旨在促成委托人与第三方进行房地产交易，没有第三方的房地产中介服务不属于房地产经纪活动。

（一）房地产经纪活动的主体

房地产经纪是一种专业服务，对经纪服务的主体有特殊要求。从世界主要国家来看，从事房地产经纪活动的机构需要具备相应的资质或条件，从事房地产经纪活动的人员需要经过专业学习并取得执业资格。

（二）房地产经纪活动的客体

房地产经纪活动的客体是进行交易的各类房地产，可以按照用途分为住宅、商业用房、工业用房、写字楼等；按照是否进行过交易可以分为存量房和新建商品房。

（三）房地产经纪服务的报酬

房地产经纪是一种市场化的有偿服务，房地产经纪机构依据相关法律法规和与委托人签订的服务合同，在达到服务承诺标准后，可以向经纪服务委托人收取报酬，即佣金。

（四）房地产经纪的服务内容

房地产经纪机构和经纪人员提供的服务包括基本服务和延伸服务。基本服务是指向委托人提供相关交易信息、实地看房、代拟房地产交易合同、协助委托人与交易对象订立房地产交易合同等；延伸服务是指代办贷款、代办不动产登记等业务。

二、房地产经纪的方式

经纪包含居间、代理和行纪三种方式，其中行纪主要出现在普通商品的对外贸易和商品寄卖领域，并不适用于房地产经纪，因此，房地产经纪的方式为居间和代理两种。

（一）房地产居间

房地产居间是指房地产经纪机构和房地产经纪人员按照房地产经纪服务合同约定，向委托人报告订立房地产交易合同的机会或者提供订立房地产交易易合同的媒介服务，并向委托人收取佣金的经纪行为。房地产居间业务的范围非常广泛，几乎涉及房地产交易的各种类型。

根据接受委托的内容不同，可以将房地产居间分为指示居间和媒介居间。房地产指示居间是指房地产居间人仅为委托人报告订约的机会，包括交易的数量、交易行情、交易方式等使委托人能够选择符合自己要求的交易信息。房地产媒介居间是指经纪人为委托人推荐交易对象，并撮合双方达成交易进行的居间。在房地产经纪活动的实际运作中，这两种方式并不是完全独立的，而是要相互结合。

居间是经纪活动的起源形式，在居间中，房地产经纪机构和经纪人员可以接受交易一方或同时接受交易双方的委托，向一方或双方委托人提供居间服务。无论是接受一方委托或接受双方委托，经纪机构和经纪人员在居间活动中始终是中间人，不能以任何一方的名义，也不能以自己的名义代替委托人签订交易合同。经纪机构和经纪人员只能按照委托人的指示和要求行事。

（二）房地产代理

房地产代理是指房地产经纪机构和经纪人员按照房地产经纪服务合同约定，以委托人的名义和第三方进行房地产交易，并向委托人收取佣金的经纪行为。

在房地产代理业务中，房地产经纪机构只能接受一方委托人的委托事务，同时也只能向一方收取佣金，不存在双向代理。根据委托人在交易中的角色不同，房地产代理可以分为买方（包括承租方）代理和卖方（包括出租方）代理。相比于居间"一手托两家"不代理任何一方利益的模糊定位来说，房地产代理业务的法律关系清晰，在房地产市场更为规范的发达国家中，房地产代理成为房地产经纪的主流方式。

房地产代理的权限是由房地产经纪机构和委托人之间签订的经纪服务合同确定的，因此，房地产经纪机构和经纪人员的代理行为受经纪服务合同规定的代理权限限制，合同中没有授权的内容，代理人无权处理。

三、我国房地产经纪行业发展历史

我国最早关于房地产经纪的记载出现在宋代，《宋史》中有"典卖田宅增牙税钱"的记载，元朝的《通制条格》卷十八《关市》中也记载了元代已有大量房地产经纪人。明清时期，"房牙"比较活跃。鸦片战争后，随着大量口岸的开通和租界的设立，许多外商在我国投资房地产，房地产经纪行业也随之兴盛。一些房地产投资商不愿直接经营零散的出租业务，于是把房屋委托给"二房东"，由他们转租出去，这些"二房东"就是经纪人，相当数量的"二房东"一直延续到新中国成立初期。

20世纪20~30年代，由于一些投资商大规模兴建高楼大厦和海外归侨的投资兴造，我国的房地产行业迅速发展，经纪活动也随之活跃，各地的房纤、黄牛、二房东、房虫等数量大增。由于缺乏必要的行业管理，经纪人有些能诚实做事，合法经营，也有相当数量的经纪人坑蒙拐骗，敲诈勒索。

1949 年至 20 世纪 50 年代初期，我国房地产经纪人比较活跃，由于一些经纪人员哄抬房价，对房东、房客或交易者索要高额费用、敲诈勒索，政府决定对房地产经纪予以取缔。1951 年 4 月，北京市人民政府发布公告"决定自布告之日起，取缔纤手即拉房纤的。今后不论广告社、服务社或其他店铺、个人均不得再有借说合房屋为名，索取纤费或其他任何费用，违者定予以严惩。市民买卖或租赁房屋，或当事人双方自行洽商，或到本市房地产交易管理部门登记，由其代为介绍，均听当事人自便"。自此，市场上的房地产经纪人员被政府的房地产交易管理部门取代，从业人员除少数品行优者被政府交易机构录用，余者均不再从事经纪活动。❶

其后，我国绝大多数的房地产交易包括租赁活动都是由交易双方自行寻找交易对象，谈判签约，交易完成后到房地产管理部门办理手续。为了解决交易困难，一些地方政府定期组织换房大会，有需求的人员将自家房屋的状况和对所需房屋的要求写下来，寻找合适的交易对象，但是这种方式首先要求自家有房，而且要能满足对方的需求，双方满意的情况很少。租房主要依靠亲戚朋友介绍或者房主张贴小广告的方式寻找交易对象。由于计划经济体制下房地产交易量很少，房地产市场基本不存在，房地产经纪在这一时期也销声匿迹。

1978 年，房地产市场开始苏醒，出现了零星房屋买卖，政府明确规定交易活动由房地产管理部门统一管理，经纪人员不得参与交易活动。1987 年建设部、国家物价局、国家工商行政管理局发出了《关于加强房地产交易市场管理的通知》，指出"对一些在房地产交易活动中出现的尚存在争议的问题，如房地产经纪人员问题等，可以通过试点，从实践中摸索经验"。此后，房地产中介机构有了很大发展。但是 1991 年的治理整顿中，房地产经纪机构大为削减，北京市注册登记的房地产中介机构从 38 家减少到了 6 家。

1993 年初，国务院发出了《关于发展房地产业若干问题的通知》，要求"建立与房地产市场配套的服务体制，建立房地产交易的中介服务代理机构"。1993 年 10 月，党的十四大确立了我国经济体制改革的目标为建立社会主义市

---

❶ 艾伟杰、张晓艳 . 房地产经纪基础（第 2 版）[M]. 北京：中国建筑出版社，2013:16-17.

场经济体制。1994年7月5日，全国人大常委会通过了《房地产管理法》，在该法的56、57、58条中对房地产中介服务机构做出了明确的规定，这是我国第一次对房地产中介机构在法律上进行确认。

自20世纪90年代末期，我国房地产业进入高速发展时期，房地产交易量快速增长，存量房市场日益活跃，随着城镇化水平不断提升，人们生活水平的提高，对房屋需求的数量、质量和类型都不断提高，市场呈现租售两旺的局面，对房地产经纪服务的需求不断增加，因此，房地产经纪行业也蓬勃发展。

四、房地产经纪行业的发展前景

房地产经纪行业的兴衰与房地产的所有权、使用权的转移量直接相关，所有权和使用权的转移量越大、频率越高，则房地产交易量越大，房地产经纪就越繁荣。从我国目前的社会经济发展状况来看，房地产经纪行业未来发展前景广阔。

（一）快速城镇化将扩大对房地产经纪服务的需求

2017年末，我国城镇常住人口81347万人，比2016年末增加2049万人；城镇人口占总人口比重（城镇化率）为58.52%。多数发达国家的城镇化率在70%以上，依此计算，我国还会有大约1.6亿人将会在城镇定居，这些新增人口必须通过购买或租赁解决居住、工作场所，这些交易都成为房地产经纪的潜在市场。

（二）居民房屋需求升级将扩大对房地产经纪服务的需求

对于居住用房，近年来出现了大量的改善性需求，无论在面积、配套设施、户型设计等方面都提出了更高要求。多年以来，我国人均居住面积以每年1m^{2}的速度增长。此外，还出现了大量投资性需求，因此房地产市场总体上表现出购销活跃的局面。随着人口政策的放开，我国城镇家庭户均人数将会增加。因此，改善性住房需求会进一步增长，租购需求都比较大。

（三）存量房交易的增加将需要更多的房地产经纪服务

多个国家的统计数字表明，当人均GDP超过8000美元之后，一方面房地产开发将会遇到土地的瓶颈制约，另一方面随着存量房总规模达到极限值或足够大之后，二手房或存量房交易量将会超过新建商品房的市场交易量。2015年我国人均GDP为5.2万元，约为8016美元，由此我国房地产业也开始进入了一个新的发展阶段，除少数特大型城市仍呈现供不应求的态势，大多数二三线城市都出现了供过于求的状况。房地产交易的主体将由新建商品房转向存量房，由于房地产经纪在二手房交易占比高于新建商品房交易，因此，随着房地产交易的主体从新建商品房转向存量房，房地产经纪的市场将进一步扩大。

　　根据链家研究院的统计，2016 年我国存量房的交易额约为 5 万亿元，新建商品房交易额约为 10 万亿元，存量房交易占房地产总交易量的 1/3，而同年美国的房屋交易规模是 1 万亿美金，其中 90% 是存量房交易，10% 是新房交易。因此未来存量房交易量有很大的增长空间。

　　（四）房地产经纪行业自身将深化、丰富与裂变

　　当房地产经纪业务规模达到一定程度后，一方面一些大型房地产经纪公司会向着多元化、全产业链的方向发展，从最核心的经纪业务延伸出一系列相关业务，衍生出咨询、数据、网络、金融服务、居住配套服务等；另一方面房地产经纪中的某些环节由于专业性强，需求量大，将独立出来成为一个专门的行业，比如专司房屋核验、产权核查、专业产权担保、专业贷款、产权过户等业务的领域会发展成一个个的分支行业。

第三节　房地产经纪服务

　　房地产经纪属于第三产业，其产品为由房地产经纪机构和经纪人员提供的无形的服务，包括基本服务和延伸服务。和其他商品一样，房地产经纪服务的价格由市场供求决定。但是与其他无形产品相比，房地产经纪在服务的供给和费用收取上都有一定的特殊性。

一、房地产经纪服务的主体

　　从经纪服务合同来看，房地产经纪服务的提供者为房地产经纪机构，而具体的经纪业务由房地产经纪机构中的经纪人员承担。因此，房地产经纪机构是提供经纪服务的组织主体，房地产经纪人员是提供经纪服务的具体行为主体，经纪人员开展经纪活动必须依托房地产经纪机构。

　　（一）房地产经纪机构

　　房地产经纪机构是指符合执业条件并依法设立，在房地产转让、租赁、

抵押、置换等经纪活动中，以收取服务费用为目的，为促成他人交易而进行居间、代理等行为的经济组织。

1. 房地产经纪机构设立的条件

房地产经纪机构必须依法设立，办理营业执照和税务登记，并在资质证书和营业执照核定的业务范围内承接业务，必须具有一定数量的具有资质的专业房地产经纪人员。

2. 房地产经纪机构的类型

1）按企业组织形式划分类型

（1）公司制房地产经纪机构。依照《中华人民共和国公司法》和有关房地产经纪管理的规定，在中国境内设立的经营房地产经纪业务的有限责任公司和股份有限公司。

（2）合伙制房地产经纪机构。依照《中华人民共和国合伙企业法》和有关房地产经纪管理的规定，在中国境内设立的由各合伙人订立合伙协议，共同出资、合伙经营、共享收益、共担风险，并对合伙机构债务承担无限连带责任的从事房地产经纪活动的营利性组织。

（3）个人独资房地产经纪机构。依照《中华人民共和国个人独资企业法》和有关房地产经纪管理的规定，由一个自然人投资，财产为投资人个人所有，投资人以其个人财产对机构债务承担无限责任的从事房地产经纪活动的经营实体。

（4）房地产经纪机构设立的分支机构是房地产经纪机构设立的不具有法人资格的独立经营单位。分支机构实行独立核算，首先以自己的财产对外承担责任，当分支机构的资产不足以偿债时，由其母体对其债务承担清偿责任。分支机构解散后，其母体对未清偿债务负责。国外房地产经纪机构在中国的分支机构按照中国法律执行。

2）按主导业务划分类型

（1）经纪主导型房地产经纪机构，即以房地产租售的代理、居间服务为主导业务的经纪机构。

（2）策划、咨询为主导的顾问型房地产经纪机构，即是以房地产营销策划、投资咨询为重点，兼营代理、居间等业务的房地产经纪机构。这类经纪机构主要为开发商和大型房地产投资者提供营销策划、投资分析等咨询服务，同时承担相关房地产的代理销售和一些居间活动。顾问型房地产经纪机构对房地产市场的研究和认识比较全面，主要市场定位于大型的酒店、写字楼、商铺、工业楼宇的开发市场。

（3）管理型房地产经纪机构，主要从事其同一集团内前端开发商推出的各类楼盘的租售代理以及物业管理，适当兼营其他开发商的物业代理业务，其重点在于物业管理。

（4）综合型房地产经纪机构，这类机构涉足房地产服务业的多个领域，如经纪、估价、咨询、培训等，是综合性的房地产服务机构，我国目前有少量大型房地产经纪机构朝此方向发展，比如链家、中原、伟业等。

（二）房地产经纪人员

房地产经纪人员是在房地产经纪机构中从事经纪服务的工作人员。从世界各国对经纪人员的管理制度来看，普遍对房地产经纪人员有资质和持续接受业务培训的要求。

2015年6月25日，人力资源社会保障部、住房城乡建设部联合下发通知：为加强房地产经纪专业人员队伍建设，适应房地产经纪行业发展，规范房地产经纪市场，在总结原房地产经纪人员职业资格制度实施情况的基础上，人力资源社会保障部、住房城乡建设部制定了《房地产经纪专业人员职业资格制度暂行规定》和《房地产经纪专业人员职业资格考试实施办法》，于2015年7月1日开始实施。

《房地产经纪专业人员职业资格制度暂行规定》指出，国家设立房地产经纪专业人员水平评价类职业资格制度，面向全社会提供房地产经纪专业人员能力水平评价服务，纳入全国专业技术人员职业资格证书制度统一规划。

房地产经纪专业人员职业资格分为房地产经纪人协理、房地产经纪人和高级房地产经纪人3个级别。房地产经纪人协理和房地产经纪人职业资格实行统一考试的评价方式。高级房地产经纪人职业资格评价的具体办法另行规定。

从事房地产经纪工作的人员应当具备一定的职业能力，其中，房地产经纪人协理应当具备的职业能力包括：（1）了解房地产经纪行业的法律法规和管理规定；（2）基本掌握房地产交易流程，具有一定的房地产交易运作能力；（3）独立完成房地产经纪业务的一般性工作；（4）在房地产经纪人的指导下，完成较复杂的房地产经纪业务。房地产经纪人应当具备的职业能力包括：（1）熟悉房地产经纪行业的法律法规和管理规定；（2）熟悉房地产交易流程，能完成较为复杂的房地产经纪工作，处理解决房地产经纪业务的疑难问题；（3）运用丰富的房地产经纪实践经验，分析判断房地产经纪市场的发展趋势，开拓创新房地产经纪业务；(4)指导房地产经纪人协理和协助高级房地产经纪人工作。

二、房地产经纪服务收取的费用

房地产经纪服务收取的费用包含两部分内容，其一为促成交易的佣金，其二为代办各种服务的费用，二者共同构成经纪机构的收入。

佣金（commission）是具有独立地位和经营资格的中间人在商业活动中为他人提供服务所得到的报酬，即经纪人向买卖双方报告交易机会、促成交易、代理委托人完成交易，从而交易者或委托人依照约定支付给促成人的报酬。这是经纪活动基本服务的收入，也是经纪活动的典型收入。

$$佣金数量 = 标的房屋交易成交金额 \times 佣金费率$$

收取佣金的前提是交易的达成，其标志为交易合同的签订。在经纪机构按时保质地履行了经纪服务合同中约定的告知、发布房源、带看、撮合交易、协助签约等服务后，只要买卖或租赁双方签订了交易合同，则意味着经纪活动已经完成，经纪机构可以收取佣金。除非经纪合同中另有约定，则佣金的收取不以房屋使用权的实际交付或者所有权的转移为条件。

经纪公司的收入除了佣金外，还有代办服务的收费。房地产经纪公司指派专人负责专项服务，相比于客户自己办理手续节省了很多时间，会有部分客户选择由经纪机构代办各种服务。

房地产经纪服务的收费具有后验性，经纪机构能否获得收入、获得多少收入是根据提供服务的最终结果确定的。无论经纪机构和人员在经纪服务中提供的具体服务的数量和质量如何，最终能否取得佣金完全取决于撮合交易的双方是否达成了交易，而且佣金数额的大小取决于交易成交额和佣金率。

如果我们用 T 表示佣金费率，用 R 表示经纪机构的佣金收入总量，则佣金总量和佣金费率的关系如图 2-1 所示。从图 2-1 中可以看出，随着佣金费率 T 的上升，经纪公司的收入总量 R 出现先上升达到顶点后下降的变化，当佣金费率达到 T^* 时，经纪公司的佣金收入达到最大值 R^*。从每笔服务来看，如果佣金费率提高将提升佣金额，因此，人们常常认为经纪公司有提高佣金费率的冲动，但是由于存在着双重制约，佣金费率并不会无限提高。首先，房地产经纪公司之间存在相互竞争，在提供同等服务的条件下，其他经纪公司的佣金费率直接构成对某一经纪公司佣金费率的限制；其次，即便没有竞争对手，由于交易当事人可以选择自行交易，因此，当佣金费率过高，交易当事人认为委托经纪机构协助交易的费用超过了自行交易的成本时，将放弃委托经纪公司。因此，佣金费率不能无限提高，超出一定限度非但不会带来佣金总额的增加，反而导致下降。同样，佣金费率也不能过低，因为经纪公司需要通过佣金收入弥补经营成本并获得企业发展，佣金费率必须达到一定水平之上，否则，资本将从房地产经纪行业流出，转向其他领域，过低的佣金费率也不能保证房地产经纪机构对经纪人员的培训提升和软硬件的升级，不利于服务水平的提高。因此，确定合理的佣金费率有利于房地产经纪机构吸引委托人，也有利于经纪行业的长远发展。

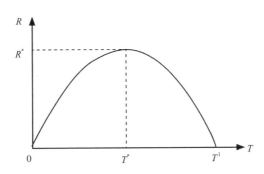

图 2-1　房地产经纪机构佣金收入总额和佣金费率之间的关系

三、房地产经纪机构的经营模式

依据房地产经纪机构是否开设实体店铺，可以将其经营模式划分为无店铺经营和有店铺经营两大类。

采取无店铺经营模式的房地产经纪机构不依赖店铺承接业务，而是由公司业务员或高级主管直接到潜在客户所在的场所开发业务，或者到客户处提供服务，无店铺经营模式经营成本比较低，但是在树立企业形象、开拓市场方面存在一定的局限性。近年来一些网络经纪公司也采取无店铺经营模式，通过建立网络平台，大规模的广告宣传等手段吸引客户、宣传推广经纪服务，在看房、签约、交验、代办等环节由经纪人员直接在物业所在地或公司经营场所接待客户，由于没有店铺，网络公司需要着力提高客户的信任度。

采用有店铺经营模式的房地产经纪机构除了有经营场所以外，还有专门接待客户、承接经纪业务的店铺。根据店铺的多少以及各店铺和总部的关系，可以将有店铺经营模式分为以下几种。

（一）单店铺经营

房地产经纪机构只开设一家店面，该场所往往既是店面也是经纪机构的办公场所。小型房地产经纪机构在发展初期基本采取单店经营模式。采取单店铺经营的经纪机构一般资金实力有限、店面较小、人员少、低成本运行，选址接近自身业务比较熟悉的区域，业务范围非常灵活，主要为所在区域内的客户服务，实施"精耕细作"的业务策略。

（二）直营连锁经营

采取直营连锁经营模式的房地产经纪机构有多家连锁店面，各连锁店由公司总部统一投资、统一经营管理、统一企业识别系统，实行集中营销和采购，比如开设门店的装修费用、租金、员工工资等。这种模式是房地产经纪机构利用自身筹集的资金设立连锁店，并通过遍布全城（或全国）的连锁店将整个业务连成一体，业务直接在连锁店中展开，房源和客户信息主要依靠连锁店的到店来访、电话登记等，并通过企业内部网络实现信息共享。直营连锁模式需要公司总部有大量的资金，因此，规模扩张速度受到一定的限制。总部对各连锁店的控制程度较高，服务质量有保证。

（三）特许加盟连锁经营

采取特许加盟经营模式的房地产经纪公司主要是依托授权公司较为成熟的品牌和管理模式，在加盟者在交纳了加盟费和保证金后，可以用授权公司的品牌开展业务。美国的21世纪不动产是特许加盟的典型代表。授权的房地产经纪机构可以将自己的品牌无形资产直接转化为现金收入，同时扩大品牌的影响，由于无需投资于店铺的场地租赁和运营维持，避免了自身资金的大量投入，大大降低了经营风险。在市场机遇良好时，采取特许加盟经营方式，可以快速占领市场，扩大市场占有率。对于加盟店铺来说，同样降低了经营风险，因为可以运用特许公司的品牌影响力、成功的经营方式和运作经验，而且有授权公司的指导和帮助，特别是在选址、人员培训、管理制度等方面得到总部的大力支持，避免了走弯路。由于财务独立自负盈亏，加盟店通常会努力经营。

特许加盟连锁经营的缺陷在于总部难以对加盟店实施有效控制，在自身

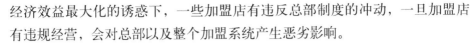

经济效益最大化的诱惑下，一些加盟店有违反总部制度的冲动，一旦加盟店有违规经营，会对总部以及整个加盟系统产生恶劣影响。

（四）直营和特许加盟混合模式

一些房地产经纪机构同时采取直营和特许加盟连锁混合经营的模式，部分店铺采取直营连锁，对于一些位置较为偏远的店铺采取特许加盟的形式，这样可以同时享有两种经营模式的优势，淡化各模式劣势对经营的束缚和造成的影响。

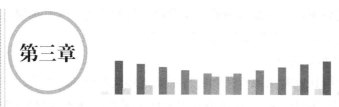

第三章

房地产经纪理论

　　房地产经纪是操作性比较强的活动，但是也需要一定的理论指导。地租理论、区位理论、产权理论是房地产经济的基本理论，对于解释房地产的价格形成和价格变动都提供了分析框架和理论依据。交易成本理论、委托代理理论和信息不对称理论解释了房地产经纪存在的必要性、合理性，经纪机构、经纪人员与客户之间的关系。

第一节　房地产基础理论

　　地租、区位和产权是影响房价、房租的重要因素，对于房屋交易的能否达成影响重大，了解地租的本质、构成、影响因素，区位的影响因素和作用，产权的构成和完备程度对交易的影响等，对于房地产经纪人理解和解释房价、房租有重要作用。

一、地租理论

　　（一）西方经济学地租理论概述

　　地租是在所有者和使用者不一致的情况下，土地使用者支付给土地所有者的租金。地租理论最早由威廉·配第提出，经过古典政治经济学、庸俗政治经济学、现代西方经济学等几个发展阶段，对地租的本质、影响因素等问题做出了解释。

　　17世纪后期，英国古典政治经济学创始人威廉·配第在其名著《赋税论》中提出，地租是土地上生产的农作物所得的剩余收入，指出由于土壤肥沃程度和耕作技术水平的差异以及土地距离市场远近的不同，地租会有差异。威廉·配第的理论为级差地租理论奠定了基础。

法国重农学派的杜尔阁在《关于财富的形成和分配的考察》一书中提出，由于农业存在一种特殊的自然生产力，所以能使劳动者生产出来的产品数量，扣除为自己再生产劳动力所必需的数量还有剩余。这是自然恩赐的"纯产品"，也是土地对劳动者的赐予。地租作为劳动者用劳动向土地取得的财富，之所以能被土地所有者占有，是因为他们拥有法律保护的土地私有权。杜尔阁的论述初步揭示了地租和土地所有权之间的关系。

亚当·斯密在 1776 年出版的《国富论》中，把资本主义社会的居民分为：工人阶级、资本家阶级和地主阶级，三个阶级分别对应的收入是：工资、利润和地租。斯密认为地租是由于使用土地而支付给地主阶级的代价，其来源为劳动者的劳动，被地主阶级无偿占有，是一种垄断价格。

英国古典政治经济学的集大成者大卫·李嘉图在 1817 年出版的《政治经济学与赋税原理》一书中指出，地租产生需要具有两个条件：土地的有限性和土地肥沃程度及位置的差异。李嘉图提出，土地产品的价值是由劣等地的生产条件，即最大的劳动消耗决定的，因而，优等、中等土地的产品价格，除补偿成本并获得利润外还有超额利润，因而形成了级差地租。此外，随着对农产品需要的增加，劣等土地不断被投入生产，在土地报酬递减规律的作用下，新投入耕种的劣等地的产品决定产品价格，原耕种的土地就必然出现级差地租。

英国经济学家詹姆斯·安德森研究了级差地租理论的基本特征。他的级差地租理论主要包括三方面的内容：(1) 同一的市场价格是形成地租的前提；(2)土地肥沃程度的差异形成级差地租。他提出等量资本投入肥力不同的土地，出产的产量不同，但这些产品是按照同一市场价格出售的。因此，耕种较肥沃土地所得的超额利润转化为级差地租。(3) 安德森还分析了级差地租Ⅱ。

德国经济学家杜能在《孤立国》一书中首次系统地论述了土地位置和地租的关系。他提出，一种产品的产地价格通常等于中心市场价格减去产地到中心市场间的运费，在中心市场价格相同的情况下，产地到中心市场间的运费越高，则产地价格越低。运费代表了区位地租。

法国经济学家萨伊认为，价值是由劳动、资本和土地三个要素协同创造出来的，因此，每个要素的所有者都应得到相应的收入，工人得到工资，资本家得到利润,地主得到地租。

现代西方经济学的地租理论不再纠缠地租的本质问题,而是把重点放在影响地租量的因素上面。比如萨缪尔森认为地租是使用土地支付的代价,土地供给数量是固定的,因而地租量的多少取决于土地需求者之间的竞争。

美国经济学家雷利·巴洛维在著作《土地资源经济学》中指出,地租可以被看作是一种经济剩余,即总产值或总收益减去总要素成本之后余下的那一部分,各类土地上的地租额取决于产品价格水平和成本之间的关系。

(二)马克思主义地租理论

马克思批判了地租是自然对人类赐予的观点,肯定了地租的本质是经济关系的体现,地租来自于社会,而不是来自于土壤。

马克思认为,根据资本主义地租的形成条件和原因的不同,地租分为级差地租、绝对地租和垄断地租。级差地租属于平均利润以上的部分,是在某种自然条件被垄断的情况下,农产品按生产价格出售而出现的超额利润,是由土地本身的差别引起的。级差地租分为 I 和 II,级差地租是指等量资本投在相等面积而不同等级的土地上提供的产量不同而产生的超额利润转化的地租,是由土地的肥沃程度或位置差异而引起的。级差地租 II 是指由于等量资本连续投在同一块土地上,每次投资具有不同生产率所造成的超额利润而形成的级差地租。绝对地租是地主凭借对土地的所有权,在最劣等地上获得的地租。由于农产品的生产价格是由最劣等地的生产条件决定的,最劣等地也能获得一个超额平均利润,因而有绝对地租。垄断地租是指由于某些土地具有特殊优越性和稀缺性,而使农产品能以垄断价格出售。这种由垄断价格产生的超额利润而转化成的地租就是垄断地租。垄断地租有两种表现形式:一是由于特别优越的自然条件的垄断而导致的地租;二是由于土地所有权的垄断而导致的地租。级差地租和绝对地租是资本主义地租的普遍形式,垄断地租是个别条件下产生的资本主义地租的特殊形式。

不同社会制度有不同的土地所有权形态,不同所有权形态有不同性质的地租,比如封建社会制度有封建社会的土地关系和土地所有权形态,决定了封建地租的社会性质;资本主义社会制度有资本主义土地所有权形态及资本主义性质的地租等。只有分清不同社会性质下土地所有权形态的区别,才能深入了解地租的性质。

土地资本利息和地租有区别。土地资本属于固定资本的范畴,为投入土地的资本以及作为生产工具的土地由此得到的改良而支付的利息，可能形成租地农场主付给土地所有者地租的一部分，但这种地租不构成真正的地租。真正的地租是为了使用土地本身而支付的，不管这种土地是处于自然形态还是已经被开垦。可见，土地资本的利息和真正的地租是不同的。

1. 土地租金与地租的区别。土地租金是契约租金，包含真正意义上的地租还可能包含土地资本的利息，以及一部分平均利润和工资的扣除。

2. 地租与一般剩余产品的区别。地租的本质是剩余产品，但剩余产品不等于地租，地租是剩余产品的一种特殊形式。从本质而言，地租是超额利润的转化形式，在量上，地租是剩余产品的一部分，不是全部。

土地不仅用于农业经营，还可以作为其他产业用地，用作其他用途时也要交地租，马克思指出非农业地租也同样具有级差地租、绝对地租和垄断地租。建筑地段地租的基础与一切农业用地地租的基础一样，是由真正的农业地租调节的，要缴纳绝对地租和级差地租和垄断地租。但是与农业地租相比，建筑地段地租有一定的特殊性，特别是由于建筑用地和矿山的资源稀缺性等特点，使得它们的垄断地租占有显著的优势。

二、区位理论

区位是指地球上某一事物的空间位置以及与其他事物之间的空间关系，区位是自然地理区位、经济地理区位和交通地理区位在空间地域上有机结合的具体表现。区位对房地产的价格有重大影响，同时也是购买或租赁者非常重视的因素。

区位理论是关于人类活动的空间分布及其在空间中的相互关系的学说，是研究人类经济行为的空间区位选择即空间区位内经济活动优化组合的理论。

（一）影响土地区位的主要因素

1. 一般因素

一般因素是指对城市土地具有普遍性、共同性影响的因素，这些因素对具体地块的影响不明显，但是决定了各个地块的总体效益和房价的基础水平，是影响不动产的宏观区位条件。

1）人口。人口对不动产的影响表现为人口密度和人口素质。人口密度是单位土地面积上的人口数量。人口密度越高，购买力越强，市政设施和服务设施的配套越完善，土地利用的集约化程度也越高，房屋价格也越高。但是人口密度达到一定程度后，超过合理的环境容量，会导致交通拥堵、市容混乱，反而会劣化土地区位，因此，人口密度必须在合理限度内。

人口素质是人的收入水平、受教育程度、职业等条件的综合反映。收入水平、受教育程度以及职业直接影响人们的消费水平、消费观念，决定着人们对房地产产品的要求、对价格的接受水平等。

2）行政区划。行政区划有两种：一是行政级别的升降；二是行政界线发生变化。行政级别升格意味着获得政府支持的增加，投资环境改善有利于提升房地价格提升。行政界线的变更要看变更对产业发展和人口流动等产生的影响，如果有利于产业发展和人口聚集，则有利于不动产价格上升。

3）地理位置和自然条件。地形、坡度、土地承载力、排水状况、地质构造等自然条件都会影响房地产的造价，而且对路网建设和交通的营运管理也有很大影响。

4）社会经济状况。社会经济状况是一个综合性因素，包含政治安定状况、国民收入水平、物价变动幅度、利率水平、消费水平等指标。一个地区政局安定、国民收入水平高、物价平稳温和上涨、利率水平较低、消费水平较高，这种社会经济状况有利于房地产开发和购买。

5）土地与住房制度。土地和住房制度对所有者的权益有重大影响，合理有效的土地和住房制度，有利于土地的合理配置、高效利用，还可以保证各利益主体的权益，有利于社会安定和创造良好的社会环境。

6）城市规划。城镇规划是安排未来若干年内如何利用城镇的各类土地，因此，规划对土地区位的变化影响很大。比如农村集体土地一旦被列入城市规划，被划入未来发展开发范围，这些土地的区位就会变好。

7）政府政策。政府的税收政策、金融政策对房地产投资和购买、持有等有直接影响，不同的政策可以起到促进作用或者抑制作用。

2. 区域因素

区域因素是影响城镇内部不同地区房地产区位条件的因素，区域因素决定土地的中观区位特征。

1）繁华程度。繁华程度反映的是城市某些职能的集聚对居民和企业产生巨大引力的结果。由于商业的集聚具有很大的吸引力，而且获得的级差地租最高，因此商业服务设施的集聚程度可以用来表示一个区域的繁华程度。商业服务业的集聚程度可以用商业的集聚经济效益表示。商业的集聚经济效益来源于各类商业服务业的互补性。如果商业发达品类繁多、服务项目齐全，则可以吸引大量人流，而大量人流又使商业服务业获得较高的收入。商业集聚的互补性还表现在，人们到达这一区域可以一次看到多种商品、多种品牌，可选择范围大，容易买到合适的商品，因此，人们愿意去商业服务业集中的区域选购，因此，在集聚区的商店吸引力和盈利要比分散布置的商店高得多。

2）通达程度。通达程度是把通行距离和时间作为一个整体，既要求通行距离短节约运输费用，同时又要求有便利的交通网络，把出行的时间减少到最低限度。反映通达程度的指标包括道路功能、道路宽度、道路网密度、公共便捷度和对外设施的分布状况。

3）城镇设施的完善程度。城镇设施包括城镇基础设施和城镇公用设施。基础设施指交通、能源、给水排水、通信、环境保护、抗灾防灾等设施，其配套程度直接影响居民的生产生活。公用设施包括医疗、教育、银行、邮政、商业服务业、行政管理机构等设施，对城镇的经济效益和社会效益产生间接影响。

4）环境条件。在工业化和城镇化的过程中，环境问题困扰着城市发展，危及人们的切身利益，因此直接影响土地区位的优劣。

5）土地使用限制。这是指城市规划以及环境保护、历史街区保护、水源地保护等规划对土地的开发、利用各项条件的规定。

3. 个别因素

个别因素是和宗地直接有关的自然条件、市政设施、宗地形状、宗地长宽、临街条件和使用限制等，个别因素决定土地的微观区位。

（二）影响房屋区位的主要因素

影响房屋区位的主要因素是在土地区位相同的情况下，具体到各个房屋的立体区位的差异，这些因素影响房屋的使用效益，也影响房屋的价格。

房屋区位主要包括楼层和朝向。建筑物的楼层高低不仅决定由地面到达房屋距离的远近，也影响使用者的方便程度和景观效果。对于不同的建筑形式，楼层的影响效果不同，多层建筑由于没有电梯楼层对房屋的使用效益影响很大，而高层建筑由于有电梯，楼层对房屋使用效益的影响并不大，与多层住宅相反，楼层越高，景观效果越好，效果价格也越贵。朝向是决定室内采光、通风、温度的主要因素，影响人们对居住环境的判断与适应，是决定房屋的使用效益及价格的重要因素。

（三）房地产的区位选择

1. 宏观区位选择

宏观区位选择主要是工业用房地产项目关注的。影响工业用房地产选择的主要因素有资源、环境、交通、科学技术、劳动力、市场等，这些条件往往分散在不同地点，因而必须进行综合权衡，选择一个满意区位。在选择工业用房地产区位时，可以假设分布在不同地点的各种条件对选址产生引力，但是引力大小各有不同，选址是这各种引力"合力"作用的结果，合力最大的地点就是最优区位。

在工业用房地产选择区位时，各类企业的区位偏好是不一样的。一些企业的原材料在运送过程中失重程度大，或者原材料不宜运输和储藏，因而这类企业会选择在靠近原材料产地的位置，大多数农产品、矿产品加工企业都属于此类。有些企业在生产过程中，单位产品能耗量大，能源消耗占总成本的比重高，大量的冶金企业、电石、人造纤维等企业属于此类，往往分布在能源产地。还有一些企业在生产过程中，原材料损耗小甚至增重，或成品不宜长途运输，这些企业会选择靠近市场，大多数食品、消费品生产企业属于此类。有些企业生产的科技含量高，需要得到大量智力支持，如生物工程、计算机等产业，一般分布在大专院校、科研单位比较集中的区位。

2. 中观区位选择

1）商业区

商业用地在城市经济中具有非常重要的作用，因为它一方面是连接生产和消费的纽带，另一方面又是城市土地利用中经济效益最高的类型。商业区按照功能分为中央商业区、城区商业区和街区商业区。

在多数经济比较发达的大城市或特大城市中，存在一个具有全市商业、交通和信息中心功能的区域，我们称为中央商业区。中央商业区汇集的大公司及机构种类繁多，影响范围大，区位成本、空间成本及房地产成本高，人流量和信息流量高度集中，基础设施和各种配套设施完善。城区商业区是城市的二级商业中心，是城市中某一城区的商业、交通和信息中心，在规模和影响力方面都次于中央商业区。街区商业区是城市中最低一级的商业中心，以供应购买频率高的日用消费品为主，并以方便街区居民日常生活为主要功能。

2）工业区

工业区可分为内圈工业区、外圈工业区和远郊工业区。内圈工业区占地面积小、主要面向当地消费市场，且要求与中央商业区中的企事业单位建立密切的联系，及时了解市场信息并获得技术支持，因此一般位于中央商业区外侧。外圈工业区一般在城市边缘地区，边缘地区地价低、土地供给较为充足，同时交通也比较方便，较为接近居民区。位于外圈工业区的通常是供应当地消费市场的装配型企业以及污染小、技术要求高的轻工业和重工业中的机械制造、金属加工业。远郊工业区是指规模大、占地很多，污染较为严重的工业，如冶金、炼油、化工、重型机械、核电站、造纸等工业。

3）居住区

居住区是人们生活、休息的场所，一般位于中央商业区与内圈工业区之间或者内圈工业区与外圈工业区之间。随着生活水平的提高，人们对居住环境的要求也日益提高。居住区要求满足以下条件：交通便利、商业教育医疗设施齐备，环境安全优雅舒适，无高污染源，人际交往方便等。

3. 微观区位的选择

1）商业用房的区位选择标准。处于商业区，具有较好的临街或道路状况，交通和通信条件便利，有足够的人口流量，有较好的增值潜力。

2）居住用房的区位选择标准。有良好的自然环境和社区文化环境、交通和通信交往条件便利，生活服务配套设施齐全，有一定的增值潜力等。

3）工业用房的区位选择标准。制造业工厂区位选择的标准是，接近高速公路或铁路，房价较低，有充足的熟练工人和较低的运输成本。批发仓储业的区位选择的主要标准是，接近消费者和顾客群，房地产价格较低，接近高速公路、铁路、港口码头、机场等交通设施，有充足的劳动力和合理稳定的设施收费。地区总部区位选择的主要标准是，区位形象、房地产价格、税收政策、接近主要顾客群、交通条件良好，尤其是有国际机场。销售办事处区位选择考虑的主要因素是接近消费者和客户、房地产价格合理，接近交通枢纽，税收较低。高新技术企业区位选择的主要标准是紧密依托经济发达的大城市、靠近教育科研机构，具备高效的信息获取条件，有优美的环境。

三、产权理论

（一）产权的概念、构成与功能

1. 产权的概念

产权的定义很多，目前被广泛认可的产权定义是：产权不是指人与物的关系，而是指由物的存在以及关于它们的使用所引起的人们之间相互认可的行为关系。产权不仅是人们对财产使用的一束权利，而且确定了人们的行为规范，是社会制度的组成部分。

2. 产权的构成

产权不是单一的某种权利，而是一束权利，是由多种权利构成的，因此，产权是一个复数概念，生产力越发展，生产关系越复杂，产权的分解程度越高，分解越细化。在《牛津法律大辞典》中，产权被认为是由"占有权、使用权、出借权、转让权、用尽权、消费权和其他与财产有关的权利"❶构成的。诸多经济学家、法学家都对产权的构成提出了自己的看法，埃格特森认为产权包含使用资产的权利、从资产中获取收入以及与其他人订立契约的权利，让渡或出卖一种资产的权利；阿贝尔认为产权包括所有权、使用权、管理权、分享剩余收益或承担负债的权利、转让、改造或毁坏的权利、安全的权利、重新获得的权利，以及其他权利。当前人们普遍认为产权由 4 种基本权利构成：所有权、使用权、用益权和让渡权。

所有权是指在法律范围内，产权主体把财产（财产客体）当作自己的专有物，排斥他人随意加以侵夺的权利。所有权包含几层含义：一是表明产权主体对客体的归属、领有关系，排斥他人违背其意志和利益侵犯他的所有的有形财产或无形财产；二是所有者对他的所有权可以设置法律许可的其他权利，即对他的所有权进行分解的权利，比如可以把他的房子出租给其他人或将收入权在一定时期内转让给另一个人；三是利用所有者权能收取一定的经济利益。

使用权是产权主体使用财产的权利。对财产的使用可以分成三种情形，一是使用而不改变其形态；二是改变其形态，而根本性质不变；三是完全改变，甚至使其原有形态完全消失，或者转化成其他的存在形式。但是在使用其他人的财产时，不得将其出租、出售或者改变质量。

用益权或者称为收益权。用益权是指获得资产收益的权利，确切地说"用益权是赋予所有者有权获取来自于一种资产的'果实'或'产出'"，"用益权

❶ 沃克. 牛津法律大辞典 [M]. 北京：光明日班出版社，1998：729.

的所有者仅对财产的果实拥有排他权，不拥有带来果实的资产"，❶ 比如一个农民在租来的土地上耕作，他可以享有农作物收益的权利，但他并不拥有这块土地。

让渡权是指以双方一致同意的价格把所有或部分上述权利转让给其他人的权利。让渡权是体现产权完整性的最重要的组成部分，它确定了产权主体承担资产价值的变化的权利。

3. 产权的特征

1）产权的完备性与残缺性

产权是一种权利束，这种权利束既是一种总量概念也是一种结构概念，作为总量概念，产权中包含所有权、使用权、用益权、让渡权等，作为结构概念，这些权利的不同排列与组合决定了产权的性质和结构。

如果权利所有者对他所拥有的权利有永久的独占权、排他的使用权、收入的独享权和自由的转让权，他所拥有的产权就是完备的，如果这些方面的权利受到限制或禁止，就称为产权的残缺。完备的产权是一种理想状态，实际生活中的任何产权都不可能是完备的，但是，对任何产权主体来讲，尽管不能达到产权的完备性，但是关键权利束如用益权、让渡权等，是有效产权的基本条件。1962 年，阿尔奇安和卡塞尔提出了"所有权残缺"的概念，所有权残缺是指完备的权利束中某些权利的删除，这种残缺性可以分为两种情形：一种情形是产权的主体因界定、保护和实现权利的费用太高而主动放弃一部分权利束；另一种情形是外来的干预（侵犯），比如国家的管制造成的所有权残缺。

2）产权的排他性与非排他性

产权的排他性（Excludability）是指决定谁在一个特定的方式下使用一种稀缺资源的权利，除了所有者以外没有其他任何人能拥有使用该资源的权利。排他性是所有者自主权的前提条件，也是使私人产权得以发挥激励作用的前提条件。只有当其他人被排除在产权界定的权利束之外时，这些收益和成本才能被内部化，才能对财产所有者的预期和决策产生直接的影响。产权的排他性一方面把选择如何使用财产和承担这一选择的后果紧密联系在一起；另一

---

❶ ［美］埃里克·弗鲁博顿，［德］鲁道夫·芮且特. 新制度经济学——一个交易费用分析范式 [M]. 上海：上海三联出版社，2006：106.

方面使所有者有很强的动力去寻求能带来最高价值的资源的使用方式，比如人们对自己拥有的房子比租来的房子维护得更周到。

产权的非排他性是指两个或两个以上的人同时拥有控制同一资源的权利。产权的非排他性是产生外部性和搭便车现象的主要根源。

产权的排他性是产权激励作用的主要来源，但是由于以下三方面的原因，社会中不可能所有的产权都具有排他性：一是在一些领域建立排他性产权制度的费用太高；二是由于技术方面的原因，在一些领域建立排他性产权制度很困难；三是在一些领域建立排他性产权制度不利于资源的有效利用。排他性弱的地方外部性就比较严重，比如一些公共土地、建筑物中的公共部位等。

3）产权的可分割性与可转让性

产权的可分割性是指两个或两个以上的个人可以拥有同一商品的不同属性，即一项资产的所有权能与其他各种具体用途上的权利相分离。比如对于一块土地的所有权和在土地上的收益权以及在土地上的行走权可以分离。产权的分割性使产权更容易流动和交换，大大增加了产权的资源配置功能。

4. 产权的功能

在资源稀缺的现实世界中，通过设定产权安排可以对人们获取资源的竞争条件和方式做出具体规定，以此避免人们争夺稀缺资源而发生的利益冲突，使各种交易活动有序进行。产权的基本功能可以概括为几个方面：

1）激励和约束功能

孟子说，有恒产者有恒心，制度经济学家也认为对未来产权的确信度决定了人们对财富种类和数量的积累。产权的激励功能是通过利益机制得以实现的，如果未来是不确定的，产权有可能受到威胁或被没收，人们就会降低对生产性资产的需求，同时增加当前消费降低储蓄，由此导致经济增长率的下降。同时，良好界定的产权使拥有者可以把他积累的财富转让给后裔，提升了人们不断努力的积极性。同时，产权也是一种约束，即良好界定的产权限制了人们使用资产的方式，使人们必须对其行为结果负责，承担他们行使产权行为的成本。产权清晰带来的结果是利益明确和责任明确，即人们可以确定自己的行为会带来什么样的收益和责任，既知道会获得什么，也知道如果侵权或越权要付出什么样的代价，由此产生产权主体或当事人的自我约束。

2）外部性的内在化

产权是一种社会工具，能够帮助人们形成和他人交往、交易时的合理预期。

人们在行使产权时可能会对他人造成的影响被称为产权的外部性，这种影响可正可负，也就是有可能使他人受益或受损。在产权明确的情况下，产权主体可以通过与受到外部性影响的主体进行协商或谈判，找到弥补外部性的合适方式，同时，在考虑自身行使产权的行为成本时，也会计入弥补外部性的花费，在此基础上决定做与不做。

3）资源配置功能

在其他情况不变的条件下，任何物品的交换价值都取决于交易中所包含的产权束，资源中所包含的产权会进入决策者的效用函数，影响人们的行为方式，因此产权安排会影响资源的配置、产出的构成和收入的分配等。比如在其他条件相同的情况下，完整的产权的交易价格将高于有残缺的产权的交易价格。

（二）房屋产权

房屋产权也称房屋所有权，是房屋所有权人在法律规定范围内，对房屋行使的占有、使用、收益、处分并排除他人干涉的权利。

我国的房屋所有权可以按照以下几种方式分类：

1. 按照所有权主体分类

1）全民所有房屋所有权

在我国全民房屋所有权由政府行使，又分为直管房和自管房，直管房是由政府房屋管理机构管理的房屋，其所有权为典型的全民房屋所有权，自管房是由国有企业、机关单位自己管理的房屋。

2）集体所有房屋所有权

集体组织的房屋的所有权主体是具有法人资格的集体组织，而不是集体组织中的某个或某几个成员，前者是集体所有，后者是共有房屋。

3）私有房屋所有权

目前，我国私有房屋所有权有几种来源，有继承来的，有新中国成立后自建的，有20世纪80年代后购买的商品房或房改房。

4）外产所有权

外产是指外国政府、企业、社团或个人在我国境内的房产。按照国际惯例，处理不动产有关法律问题适用不动产所在地法律，因此各种外产房屋的使用、交易都应遵照我国法律。

5）合资和股份制房屋所有权

中外合资房屋所有权、国家集体合营企业房屋所有权和股份制企业房屋所有权，工业和商业性房地产中，这种类型的所有权比较多。

2. 按照产权完备性分类

1）标准价产权

标准价最早出现在 1992 年初国务院办公厅批转的国务院住房制度改革领导小组《关于全面推进城镇住房制度改革的意见》，当时标准价包括住房造价、征地和拆迁补偿费用。1994 年《国务院关于深化城镇住房制度改革的决定》中明确规定：以标准价购买的住房产权为部分产权，部分产权的房屋所有人对房屋有占有、使用的权利，有限的收益权和处分权可以继承，购买后可以进入市场流通，在同等条件下，原单位有优先购买权。售房收入扣除有关税费后的收益，按政府、单位、个人的产权比例进行分配。这里的产权比例不是出资比例，而是三者的产权份额比例。标准价每年由地方政府颁布，渐渐向成本价靠近，1998 年后，标准价逐渐从市场消失，因此也不再产生新的部分产权。

2）成本价产权

成本价包括住宅建造中的征地和拆迁费用、勘察设计和前期工程费用、建筑安装工程费、住宅小区基础设施费、管理费、贷款利息和税金七项费用。旧住宅的成本价按售房当年新房成本价扣除折旧后的价格计算。按成本价购买的住房，产权归个人所有，属于狭义的房屋完全产权，一般住用 5 年后可以入市交易，其收益在补交土地使用权出让金或所含土地收益后，按规定完税后归个人所有，政府、单位不参与收益分配。

3）微利房产权

微利房是在建设房屋的过程中政府给予一定的优惠政策，使房屋的造价降低，以此来换取开发商销售时的低房价，面向中低收入家庭出售。经济适用房、自住房属于典型的微利房，在开发过程中政府免收地价。无论微利价还是市场价，房屋购买都是正常的房地产交易行为，但是其所拥有的产权完备性不同，在房屋让渡时受到一定的限制。

4）市场价房屋产权

市场价购买的房屋是完全产权房屋，所有权人享有充分、完全的所有权。

3. 建筑物区分所有权

19 世纪上半叶开始，随着工业革命的完成，建筑材料和建筑技术不断发展，高层建筑增多，多个业主或承租人共同使用同一建筑的现象越来越普遍，界定各主体之间的权利关系的要求越来越迫切。1804 年《法国民法典》第 644 条的规定开创了近代民法建立建筑物区分所有权的先河。

我国在 2007 年 10 月 1 日起实施的《物权法》中对建筑物区分所有权规定了三方面的基本内容：一是对专有部分的所有权，即业主对建筑物内属于自己所有的住宅、经营性用房等专有部分可以直接占有、使用，实现居住或者经营的目的，也可以依法出租、出借，获取收益等，还可以用来抵押贷款或出售给他人。二是对建筑区划的共有部分享有共有权，即专有部分以外的走廊、楼梯、过道、电梯以及小区内道路、绿地、公用设施、物业管理用房等共有部分属业主共有，对建筑区划内规划用于停放汽车的车位、车库业主有优先购买的权利。三是对共有部分享有共同管理的权利，即有权对共用部位与公共设备设施的使用、收益、维护等事项通过参加和组织业主大会进行管理。

第二节　房地产经纪基本理论

房地产经纪作为媒介交易的经济活动，其存在的意义和价值可以通过信息不对称理论和交易费用理论来解释。在经纪活动中经纪机构和人员与客户之间的关系可以用委托代理理论解释。

一、信息不对称理论

信息不对称（asymmetric information）指交易中的各方拥有的信息不同，一些成员拥有其他成员无法拥有的信息，掌握信息比较充分的人员，往往处于比较有利的地位，而信息贫乏的人员，则处于比较不利的地位。一般而言，卖家比买家拥有更多关于交易物品的信息，但反例也有。比如出售房屋的卖家通常比其他人对房屋的居住感受有更加完整的信息，而买方对于房屋所能得到的信息是有限的，但是买方对于自己的付款能力、信用状况等信息要比其他人更清楚。

信息不对称状态在交易完成之后会使交易双方面临"道德风险"问题。在房地产交易中通常容易出现下列道德风险：比如对于处于抵押状态的房屋，买卖双方约定先由买方支付部分房款用于卖方偿还银行债务，解押房屋，但是卖方收到预付房款后，可能违反协议，私自改变资金用途，最终导致房屋被银行拍卖或无法过户，买方的利益受到损害。再比如在房地产经纪服务合同中，虽然约定了独家委托，但委托人仍可能多家委托并以多种理由最终逃避违约责任。

依照信息经济学理论，信息不对称造成了市场交易双方的利益失衡，影响社会的公平、公正的原则以及市场配置资源的效率，占有信息的人在交易中获得优势，这实际上是一种信息租金，要获得这些信息是要付出成本（代价）的，无论是交易者自己搜集整理这些信息还是从某些渠道购买这些信息。在房地产交易中，影响房地产交易的商品特征繁多、交易过程复杂，因此，在房地产交易中信息不对称的现象格外突出，道德风险问题格外严重，因此，大量交易者通过以购买房地产经纪机构提供的专业服务的方式支付信息成本，减轻信息不对称造成的损害。

二、委托代理理论

委托代理关系是指一个或多个行为主体根据一种明示或隐含的契约，指定、雇佣另一些行为主体为其服务，同时授予后者一定的决策权利，并根据后者提供的服务数量和质量对其支付相应的报酬。授权者就是委托人，被授权者就是代理人。

委托代理理论的主要观点认为：委托代理关系是随着生产力大发展和规模化大生产的出现而产生的，其原因一方面是生产力发展使得分工进一步细化，权利的所有者由于知识、能力和精力的原因不能行使所有的权利了；另一方面是专业化分工产生了一大批具有专业知识的代理人，他们有精力、有能力代理行使好被委托的权利。但是由于委托人与代理人的效用函数不一样，委托人追求的是自己的利益更大，而代理人追求自己收益（包括收入和闲暇时间）最大化，这必然导致两者的利益冲突，如果没有有效的制度安排，代理人的行为很可能最终损害委托人的利益。

伦德纳（Radner，1981）和罗宾斯泰英（Rubbinstein，1979）使用重复博弈模型证明，如果委托人和代理人保持长期关系，双方有足够的信心，那么，帕累托一阶最优风险分担和激励是可以实现的。也就是说，在长期的关系中，其一，由于委托人可以相对准确地从观测到的变量中推断代理人的努力水平，代理人不可能用偷懒的办法提高自己的福利。其二，长期合同部分上向代理人提供了"个人保险"（self-insurance），委托人可以免除代理人的风险。出于声誉的考虑，合同双方都会各尽义务。

法玛强调代理人市场对代理人行为的约束作用。法玛认为，在现实中，由于代理人市场对代理人的约束作用，时间可以解决问题。他为经理人市场价值的自动机制创造了"事后清付"（ex post settling up）这一概念。他认为，在竞争的市场上，经理的市场价值取决于其过去的经营业绩，从长期来看，经理必须对自己的行为负责。因此，即使没有显性的激励合同，经理也有积极性努力工作，因为这样做可以改进自己在经理市场上的声誉，从而提高未来的收入。

在房地产经纪业务中，委托是最常见的业务关系，是产生代理和居间等一切委托事务的基础，但是在居间活动中，房地产经纪机构和委托人之间产生的是委托—居间关系，而在代理业务中，二者之间产生的是委托—代理关系。无论何种关系，房地产经纪机构都基于经纪服务合同的约定，完成委托人委托的业务，并收取相应的费用，行为结果都直接归属于委托人。由于房地产经纪机构只提供中介服务，不作为交易一方参与房地产交易，房价款以及溢价等中介活动的结果归委托人，同时委托人也承担相关法律责任。

委托代理理论一方面解释了经纪人作为专业人员存在的原因；另一方面也指出，由于房地产经纪机构和委托人之间利益不一致，有可能存在经纪机构和经纪人员损害委托人利益的情况，比如自己参与房屋买卖赚取差价、捆绑销售、降低服务标准等。为了加强对经纪机构的控制，从委托人来说，会通过熟人介绍、再次委托曾经接受过满意服务的经纪机构和人员服务等方式来降低风险。从行业管理的角度而言，政府或行业协会通过建立房地产经纪机构和人员的信誉档案，强化市场选择的约束作用，客户通过查询信誉档案可以了解经纪机构和人员以往守信守约的状况和服务水平，信誉良好的经纪机构和人员将获得更多的客户。

三、交易成本理论

交易成本是指在市场上为完成一项交易而发生的包括搜寻费用、谈判费用和实施费用在内的费用总和。交易成本属于价外费用，即买方付出而卖方没有得到的部分，或者卖方增加了成本而买方没有享受到相应功能的部分。交易费用就像物理世界中的摩擦力，不可消除，但是可以降低。

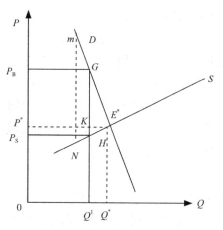

图 3-1 房地产的交易成本

如图 3-1 所示，当不存在交易成本时，市场均衡点为 E^* $(P^*$，$Q^*)$，买方所付出的价钱与卖方所得到的价钱是相等的，均为 P^*。但是现实中，房地产交易存在很高的交易费用，买方支付的数额与卖方得到的数额之间的差距即为交易费用。在存在交易费用的情况下，买方所付出的价钱变为 P_B，而卖方所得到的价钱变为 P_S，假设交易费用全部为经纪服务费，则 GH 即 P_B-P_S 便为经纪服务费，其中 GK (P_B-P^*) 为买方所付的经纪服务费，它反映了买方所付出的价钱 P_B 高于均衡价格 P^*；KH (P^*-P_S) 为卖方所付的经纪服务费，它反映了卖方所得到的价钱比均衡价格 P^* 要低。至于经纪服务费在买卖双方之间分摊的比例取决于供给的价格弹性和需求的价格弹性，价格弹性越高，经纪服务费的分摊越少。

由于房地产商品的区域性、多样性、复杂性和专业性，造成房地产信息的分散性、不易获得性和滞后性，由此导致房地产价格的灵敏度不高，房地产市场运行的相对低效性。而通过房地产经纪机构有计划地搜索、加工和整理房地产信息，使房地产信息具有完整性、系统性和时效性，并通过各种媒介及时准确地发布房地产市场信息，从而可以提高房地产市场的运行效率，降低房地产交易的交易成本。

我们可以通过信息交换次数的减少来解释房地产经纪对降低房地产市场交易成本的作用。信息交换次数代表交易的速度和市场交易的效率，信息交换次数越少意味着交易效率越高。设房地产卖方数量为 a，用 A_1、A_2、……

A_a 表示市场上有 a 个房地产供应者（供应方）；房地产买方数量为 b，用 B_1、B_2、……B_b 表示市场上有 b 个购房客户（需求方）；房地产经纪机构的数量为 s，用 C_1、C_2……C_s 表示市场上有 s 个经纪机构。

在没有房地产经纪的情况下，买卖双方为了获得充分的市场信息以做出正确决策，需要一个一个单独接触，卖方 A_1 要分别和 B_1、B_2、B_3……B_b 分别交换信息，同样 A_2 也要分别和 B_1、B_2、B_3……B_b 交换信息，以此类推，整个市场上信息交换的次数为 a×b（图3-2）。

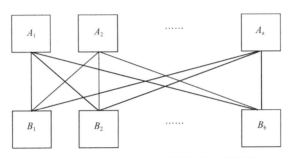

图3-2 没有房地产经纪的房地产交易效率

当市场上只有一个房地产经纪机时，每个交易者只需将自己的信息汇总到经纪机构，由其匹配后即可完成交易，因此，信息交换的总次数为 a+b（图3-2）。只要 a 和 b 的数量同时大于 2，一个房地产经纪机构的房地产市场的交易效率就高于没有房地产经纪的市场。

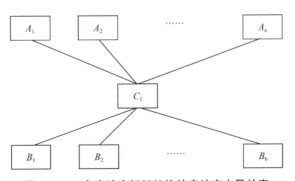

图3-3 一个房地产经纪机构的房地产交易效率

　　随着市场中房地产经纪机构数量的不断增加，信息交换的次数不断增加，其交换次数的数量为（a+b）×s，只要经纪的数量 s 小于（a×b）/（a+b），房地产经纪机构的存在总是能提高市场交易效率。当 s 大于（a×b）/（a+b）时，交易者会发现寻求房地产经纪机构帮助交易的效率低于买卖双方之间直接进行交易的效率，因此选择房地产经纪机构的客户数量会大大减少，服务需求的下降将迫使经纪机构的数量减少，直到房地产经纪机构的数量再次减少到（a×b）/（a+b）以下（图3-4）。

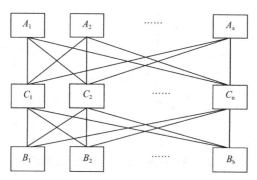

图 3-4　s 个房地产经纪机构的房地产交易效率

第四章

开展经纪业务的前期准备

第一节 开办房地产经纪企业

开展房地产经纪业务的前提条件，是先开办一家正规合法的房地产经纪企业。房地产经纪企业通常采用有限责任公司的组织形式，开办流程见图4-1。

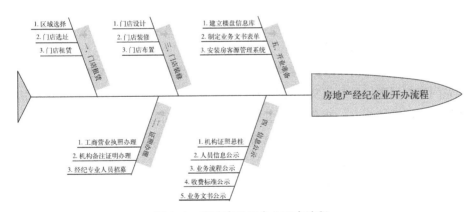

图4-1 房地产经纪企业开办流程

一、开设房地产经纪门店

房地产经纪门店是开展房地产经纪活动主要场所，兼有办公、展示、洽谈、会议、培训等多种功能。开设房地产经纪门店，一般要经过以下4个程序：

一是门店选区，即选择门店所在的区域。门店选区，要考虑辐射范围、辐射区域内的房源状况、竞争对手情况以及与已有门店的联动关系等因素。

门店应该选开在成熟商圈范围内，门店经营辐射 3km 范围内应当是房屋众多、人口密集的地方。门店服务区域内要有充足的房源和客源，房源多少取决于存量房屋套数和换手率，存量房屋越多，换手率越高，房源越充足；客源多少取决于交通条件和人口数量，交通越便利，人口越多，客源越充足。考察竞争对手情况，一要看同行门店数量和密度，店数越多，密度越多，竞争越激烈；二要看店均业绩，同行店均业绩越差，说明竞争越激烈。最后，要考虑与自己的已有门店是否能资源共享，相互合作，形成服务网络。

二是门店选址，即选择门店具体的位置。开店有"金角银边"的说法，店面最好临主干道，又或是设在三岔路的正面、拐角的位置以及在几个主要车站的附近也是很理想的。门店位置一定要交通便利，方便顾客上下车，有停车位最好。如果门店旁边有房地产交易中心、商场或者学校则更好。如果没有其他参照，就开在同行门店集中的地方。

三是门店租赁，即与门店的出租方签订房屋租赁合同。需要注意的是，门店租期一般不低于 1 年，如果考虑到门店装修投入和经营的连续性，租期最好 3 年以上。作为从事房地产经纪活动的专业公司，与门店业主签订租赁合同，一定要选用政府部门或者行业协会发布的租赁合同示范文本，而且要办理房屋租赁合同备案手续。

四是门店装修，门店装修要考虑经纪活动的特点，装修风格服从业务需要。首先门店布局要尽量长面宽，短进深，这样能提高门店的展示功能；其次门店装修风格要简洁明亮，颜色不宜过多过杂；第三门面的立面造型和周围的建筑风格尽量保持统一，而门面装饰的各种形式因素组合，要做到重点突出，主从明确；第四店内要设置前台接待区、办公区、洽谈室、会议室等功能区，入口、广告、标志等位置要突出识别性与导向性。

二、营业场所公示相关信息

《房地产经纪管理办法》要求房地产经纪机构应当遵守法律、法规和规章规定，在经营场所醒目位置标明房地产经纪服务项目、服务内容、收费标准以及相关房地产价格和信息。现实中的经营场所主要是指房地产经纪门店。在经营场所客户易于看见、看清的醒目位置公示必要内容，实质上是一种信息告知行为，客户可以依据公示内容，监督房地产经纪服务行为，维护自己的合法权益。

房地产经纪机构应公示内容

1．营业执照和备案证明文件

营业执照，是指企业或组织合法经营权的凭证。营业执照分正本和副本，二者具有相同的法律效力，营业场所公示的应当是营业执照正本。备案证明文件，是指房地产经纪机构及其分支机构到所在直辖市、市、县人民政府建设（房地产）主管部门备案后取得的备案证明文件。公示的备案证明文件应当是原件，而非复印件。

2．服务项目、内容和标准

房地产经纪机构所提供的服务可以分为基本服务和其他服务。房地产基本服务的内容包括提供房地产信息、实地看房、代拟房地产交易合同等。其他服务的内容包括房地产抵押贷款代办、房地产登记手续代办、房屋交接手续代办等。从业务流程角度来说，以房地产交易合同签订完成为节点，之前的服务都可以概括为房地产经纪服务；之后的服务都是其他服务。房地产经纪服务的标准，应当符合国家公布的相关法律法规和行业组织公布的《房地产经纪执业规则》。房地产经纪服务完成的标准是房地产交易合同（包括商品房期房买卖合同、商品房现房买卖合同、存量房买卖合同、房屋买卖合同等）的签订；其他服务的完成标准应当根据服务合同的约定，实现委托人的目的。

对于房地产经纪机构代理销售商品房项目的，特别是售楼处，在销售现场明显位置应明示商品房销售委托书和批准销售商品房的有关证明文件。

3．业务流程

业务流程，是指房地产经纪机构和房地产经纪人员根据委托人的需求，承接、办理房地产经纪业务的操作程序。按照业务类型，可以将房地产经纪业务流程分为基本业务流程和其他业务流程。

存量房买卖经纪业务流程可以划分成业务承揽、促成交易、费用结算、房屋交验、后续服务等阶段。业务承揽阶段的工作环节一般包括：(1)搜集房源、客源等信息；(2) 客户接待和约见；(3) 签订房地产经纪服务合同；(4) 编制房屋状况说明书。促成交易阶段的工作环节一般包括：(1) 房源客源信息发布和配对；(2) 带领客户实地看房；(3) 商议成交价格；(4) 代拟房屋买卖合同；(5) 协助签订房屋买卖合同；(6) 办理网上签约手续。结算费用和房屋交验阶段的工作环节一般包括：(1) 定金的交割；(2) 首付款的交割；(3) 尾款的交割；(4)房屋交易及使用环节的相关费用结算。后续服务阶段的工作环节一般包括：

（1）协助办理房地产交易资金监管手续；（2）房屋交接等。

房屋租赁经纪业务流程与买卖经纪业务流程基本一样，只是无需贷款代办、交易资金监管手续代办及房地产登记代办等服务。

新建商品房销售代理业务按阶段可以划分为业务承揽、房屋销售、费用结算、后续服务等阶段。业务承揽阶段的工作环节一般包括：（1）搜集销售代理项目信息；（2）接洽销售代理事宜；（3）制定营销方案；（4）签订新建商品房销售代理合同。房屋销售阶段是新建商品房销售代理业务的核心阶段，工作环节一般包括：（1）细化、完善房地产项目营销方案；（2）销售前的销售人员、销售现场及销售资料的准备；（3）宣传推广及举行开盘仪式；（4）实施销售，具体工作内容又细分为接待顾客、购买洽谈、带领看房、订立商品房买卖合同、结算房屋成交价款、协助办理抵押贷款等。费用结算阶段的工作内容，主要是房地产经纪机构与房地产开发企业结算代理费用，有的是在销售过程中要按一定时间周期（如按月）结算佣金，也有的到整个项目销售的最后阶段，通常是完成代理合同所约定的销售指标后，按项目结算佣金。

4. 房地产经纪收费标准

房地产经纪服务实行市场调节价的，房地产经纪服务收费标准由委托和受托双方，依据服务内容、服务成本、服务质量和市场供求状况协商确定。房地产经纪机构严格执行明码标价制度，在其经营场所的醒目位置公示价目表，价目表应包括服务项目、服务内容及完成标准、收费标准、收费对象及支付方式等基本标价要素；一项服务包含多个项目和标准的，应当明确标示每一个项目名称和收费标准，不得混合标价、捆绑标价；代收代付的税、费也应予以标明。房地产中介服务机构不得收取任何未标明的费用。

5. 交易资金监管方式

房地产交易资金监管包括存量房交易资金监管和商品房预售资金监管。监管方式包括银行托管、政府监管、交易保证机构监管、经纪机构监管等，不同的监管方式各有特点。房地产经纪机构应公示本地施行的交易资金监管方式，既可以是多种，也可以是一种。

6. 信用档案查询方式、投诉电话及12358价格举报电话

房地产经纪信用档案包括全国房地产经纪信用档案、省级信用档案和市级信用档案。目前全国房地产经纪信用档案由中国房地产估价师与房地产经纪人学会建立，查询网站是www.agents.org.cn。投诉电话分为两种：一种是房

地产经纪机构内部的客服电话或者纠纷处理电话；另一种是主管部门、消费者协会的投诉电话。规模较大的房地产经纪机构这两种电话都要公示；规模小的，没有内部投诉电话，可以只公布主管部门的投诉电话。12358是价格部门开设的价格违法行为举报电话。

7．房地产经纪服务合同、房屋买卖合同和房屋租赁合同示范文本

房地产经纪服务合同，主要包括房屋出售经纪服务合同、房屋出租经纪服务合同、房屋承购经纪服务合同、房屋承租经纪服务合同、房地产抵押贷款代办服务合同、房地产登记代办服务合同等。商品房买卖示范文本分为《商品房买卖合同（预售）示范文本》（GF-2014-0171）和《商品房买卖合同（现售）示范文本》（GF-2014-0172）。

8．法律、法规、规章规定的其他事项

现实中，还应公示的内容包括房地产经纪人员的姓名、照片、注册证书等。例如，北京市《关于规范房地产经纪机构经营场所信息公示的通知》，要求公示本部门房地产经纪人员注册证书复印件。

三、房地产经纪从业人员招聘

房地产经纪是一个人力密集的行业，经纪门店开设之后就要招兵买马。通常情况下，店内应配置的主要人员就是房地产经纪人员和门店的管理人员（店长或店经理）。其中，业务人员通常应配置 8 ～ 15 人。对于经济发达城市，由于门店租金较高，为了充分提高门店资源的利用率、降低单位佣金收入的门店租金成本，可分两～三组经纪人员，每组人数规模可以控制在 10 ～ 15 人。

（一）招聘房地产经纪门店的店长

店长是一个门店的核心，承担着门店日常管理、公司政策执行、完成公司目标、保持门店盈利等职责，店长需要既要懂管理还要懂业务，德才兼备。

店长岗位职责：

1）门店日常管理工作，规范房地产经纪人员行为，确保完成和超额完成本店的考核指标；

2）接受公司领导及所在区域的总监、区域经理的指导和帮助；

3）参与并了解本门店经纪人员的每单业务的洽谈，并促成合同的签订；

4）关心本门店经纪人员的业务进程，协调解决门店内外经纪人员之间的业务纠纷；

5）经营门店业务，提高业绩，降低门店成本，对日常操作业务的风险严格把关；

6）落实公司及各部门的各项工作要求；

7）定时召开门店会议；

8）参加公司的各类会议和培训；

9）及时上交各类表单；

10）及时了解并关心经纪人员的思想动态，与公司经常性地沟通；

11）协助解决门店内的投诉、抱怨及其他各类问题；

12）做好每套业务的售前、售中、售后服务工作，特别是客户回访工作；

13）建立业务档案，做好网络无效信息的清理；

14）保管好相关客户的财务和资料，相关费用及时上交；

15）严格执行公司的培训带教制度，严格培训带教所在门店的经纪人员。

（二）招聘其他员工

人才是经纪门店的核心竞争力，选人，育人、留人，用人是经纪门店重点工作。经纪门店在招聘经纪人员时可以从经纪人员的职业素养、专业知识、业务经验、形象气质等方面综合考量。对于新人，要通过老带新、师傅带徒弟的模式使其快速成长。店长要从以下几个方面对房地产经纪从业人员的工作进行考核。一是要根据公司目标和个人历史业绩确定业务目标；二要确定每个人的月度业务目标，并进行分解了量化；三要确定每个人的每天的房源开发任务；四要确定每个人的客户开发任务；五要确定每个人每日的带看、实勘的工作量；六要确定每个人的业绩金额。

第二节　办理登记备案手续

一、办理房地产经纪企业相关手续

（一）办理房地产经纪企业工商登记

开展房地产经纪业务，首先要取得市场主体资格，即办理相应的工商登记手续。成立不同性质的法人主体，要按照公司法、合伙企业法、个人独资企业法、中外合作经营企业法、外资企业法等不同的法律办理工商登记手续。以成立房地产经纪公司为例，发起成立房地产经纪要有公司的名称、住所、

注册资本、经营范围、法定代表人姓名。

公司经公司登记机关依法登记，领取《企业法人营业执照》，方取得企业法人资格。未经登记机关登记的，不得以房地产经纪公司的名义从事任何经纪和经营活动。市场监管机关是公司的登记机关。

公司的登记事项包括名称、住所、法定代表人姓名、注册资本、公司类型、经营范围、营业期限、有限责任公司股东或者股份有限公司发起人的姓名或者名称。目前，房地产经纪公司的发起设立要求跟其他公司一样，没有前置的特殊要求或者条件。

发起设立房地产经纪公司的第一步是申请名称预先核准。申请核名要向当地工商登记部门提交有限责任公司的全体股东或者股份有限公司的全体发起人签署的公司名称预先核准申请书、全体股东或者发起人指定代表或者共同委托代理人的证明。申请核名一般 5 个工作日即可知道结果。

公司名称预先核准后，要向当地的公司登记机关提交下列文件：

1）公司法定代表人签署的设立登记申请书；

2）全体股东指定代表或者共同委托代理人的证明；

3）公司章程；

4）股东的主体资格证明或者自然人身份证明；

5）载明公司董事、监事、经理的姓名、住所的文件以及有关委派、选举或者聘用的证明；

6）公司法定代表人任职文件和身份证明；

7）企业名称预先核准通知书；

8）公司住所证明；

9）国家工商行政管理总局规定要求提交的其他文件。

申请公司、分公司登记，申请人可以到公司登记机关提交申请，也可以通过信函、电报、电传、传真、电子数据交换和电子邮件等方式提出申请。申请人到公司登记机关提出申请并顺利受理的，当场就能领到《准予设立登记通知书》；申请人通过信函方式提交的申请予以受理的，自受理之日起 15 日内领到《准予设立登记通知书》营业执照；通过电报、电传、传真、电子数据交换和电子邮件等方式提交申请的，还应自收到《受理通知书》之日起 15 日内，提交与电报、电传、传真、电子数据交换和电子邮件等内容一致并符合法定形式的申请文件、材料原件，最迟 15 日内领到《准予设立登记通知书》。通常情况下，领到《准予设立登记通知书》10 日内，即可领取到公司执照。公司执照包括《企业法人营业执照》《营业执照》，并分为正本和副本，正本和副本具有同等法律效力。

目前我国工商登记已经实现多证合一，房地产经纪公司的营业执照上还集成了组织机构代码证、税务登记证、房地产经纪机构备案证明、社会保险登记证和统计登记证的信息。《企业法人营业执照》正本或者《营业执照》正本挂在公司住所或者分公司营业场所的醒目位置，即可开门营业了。

（二）办理房地产经纪企业备案

根据《房地产经纪管理办法》的规定，设立房地产经纪机构或者分支机构，还应当自领取营业执照之日起 30 日内，到所在地人民政府建设（房地产）主管部门备案。备案的信息包括公司名称、住所、法定代表人（执行合伙人）或者负责人、注册资本、房地产经纪人员等，人民政府建设（房地产）主管部门会向社会公示备案信息。

2018 年开始，全国有越来越多的地方实行"多证合一"，设立房地产经纪机构时，只要再向公司登记部门提供 1 名以上房地产经纪专业人员的姓名、职业资格证书管理号、登记证书登记号等信息，即可实现领取工商营业执照时一并办理房地产经纪机构备案。

二、办理房地产经纪人员相关手续

（一）考取房地产经纪人员职业资格

国家对房地产经纪人员实行职业资格制度。从 2016 年起，房地产经纪人协理、房地产经纪人职业资格实行全国统一大纲、统一命题、统一组织的考试制度。原则上每年举行 1 次考试。考试时间一般安排在每年 10 月的第 2 周的周末。每年考试的具体时间由人力资源和社会保障部在上一年第四季度向社会公布。考点原则上设在直辖市和省会城市的大、中专院校或者高考定点学校。

申请参加房地产经纪专业人员职业资格考试应当具备的基本条件有：

1）遵守国家法律、法规和行业标准与规范；

2）秉承诚信、公平、公正的基本原则；

3）恪守职业道德。

申请参加房地产经纪人协理职业资格考试的人员，除具备上述基本条件外，还必须具备中专或者高中及以上学历。

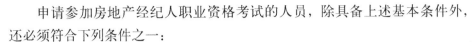

申请参加房地产经纪人职业资格考试的人员，除具备上述基本条件外，还必须符合下列条件之一：

1）通过考试取得房地产经纪人协理职业资格证书后，从事房地产经纪业务工作满6年。也就是说，只有高中或中专学历的人员，只要通过考试取得房地产经纪人协理职业资格证书，从事房地产经纪工作满6年后，就可以报名参加房地产经纪人职业资格考试。通过考试后，可以与拥有大专、本科学历的人员一样，取得房地产经纪人职业资格，单位可以聘用其担任中级职称，享受中级职称专业人员的政策待遇。

2）取得大专学历，工作满6年，其中从事房地产经纪业务工作满3年；

3）取得大学本科学历，工作满4年，其中从事房地产经纪业务工作满2年；

4）取得双学士学位或研究生班毕业，工作满3年，其中从事房地产经纪业务工作满1年；

5）取得硕士学历（学位），工作满2年，其中从事房地产经纪业务工作满1年；

6）取得博士学历（学位）。

房地产经纪人协理职业资格考试设《房地产经纪综合能力》和《房地产经纪操作实务》2个科目。考试分2个半天进行，每个科目的考试时间均为2.5小时。房地产经纪人职业资格考试设《房地产交易制度政策》《房地产经纪职业导论》《房地产经纪专业基础》和《房地产经纪业务操作》4个科目。考试分4个半天进行，每个科目的考试时间均为2.5小时。

（二）登记成为房地产经纪执业人员

房地产经纪专业人员资格证书实行登记服务制度。登记服务的具体工作由中国房地产估价师与房地产经纪人学会负责。中国房地产估价师与房地产经纪人学会定期向社会公布房地产经纪专业人员资格证书的登记情况，建立持证人员的诚信档案，并为用人单位提供取得房地产经纪专业人员资格证书的信息查询服务。

取得房地产经纪专业人员资格证书的人员，应当自觉接受中国房地产估价师与房地产经纪人学会的管理和社会公众的监督。其在工作中违反相关法律、法规、规章或者职业道德，造成不良影响的，由中国房地产估价师与房地产经纪人学会取消登记，并收回其职业资格证书。

第三节　建立楼盘字典和房客源信息库

房地产信息是房地产经纪人的生产资料，包括楼盘字典和房客源信息库，其中楼盘字典是基础，也被称为房屋基础信息；房客源信息是关键，没有房客源信息的收集和管理，不可能有经纪业务。房地产经纪企业可以使用信息管理系统来管理房屋基础信息。

一、建立房屋信息库

房屋基础信息库，业内俗称楼盘字典，是指房地产经纪业务辐射区域内的房屋基础信息，包括小区情况、房屋坐落、户型、面积、朝向、建筑结构、建筑年代以及权属信息等。

住宅小区基本情况数据库的字段信息包括：

1）区位信息：城市名称、城区名称、区域名称、小区名称、小区别名、通信地址、不动产登记地址、邮政编码；

2）规模信息：占地面积、总建筑面积、总户数、楼栋数和编号、单元数和编号、楼层及户数、车位数量、社区配套实施等；

3）品质信息：土地性质、绿化率、绿地率、容积率、建筑结构、建筑类型、建成年代、装饰装修、开发企业、物业公司、供电方式、供暖方式、供暖方式、附赠面积、公摊面积、得房率、车位租金、空置率、入住率等；

4）交易信息：开盘均价、最低计税价、租金价格、出租率、换手率等。

最好配上标准的小区（项目）位置图、交通图、规划图、小区平面图、外观实景图、户型图等图片。

对于新设立的房地产经纪企业而言，建立房屋基础信息库有两个途径：一是购买现成的房屋基础信息数据库，房地产数据公司或者物业管理公司通常会有相关的数据产品，但是购买的房屋基础信息数据库需要不断更新和完善；二是自建房屋基础信息数据库，通常的做法是由房地产经纪人员负责实地调查房屋信息，将采集到的房屋信息录入房源管理系统，由店长或者店经理对经纪人录入的信息进行比对和审核，由区经理进行复核，确认无误后再将采集到的信息转为房屋基础信息数据，予以存储和利用。

对经纪人来说，特别是新入职的房地产经纪人员，入门第一项训练就是房屋基础信息的采集和调查，通过实地查看小区、楼栋等情况熟悉了解所在业务区域的房屋基本情况，另外，可以通过与保安人员、物业人员、保洁人员、看车人以及社区的老年人打听，了解小区的相关信息。

　　房屋基础信息调查的结果，要体现在信息表和示意图上，例如，要让经纪人员把调查的情况填入房屋基础信息调查登记表（表4-1），把小区的整体状况绘制成布局图（图4-2）。特别是小区的整体布局图，可以非常直观地看出每栋楼宇的坐落和相对位置、路网分布、景观情况。对于较新的商品住房楼盘，开发企业都用规划图来表示项目或者小区的整体情况。

房屋基础信息调查登记表　　　　　　表4-1

项目名称：　　　　　　　房地产经纪人：　　　　　　　登记时间：

小区信息	地理位置						
	开发企业						
	占地面积			建筑面积			
	容积率			绿化率			
	物业服务企业			物业服务费	/（月·m²）		
	总户数			当期户数			
	房屋类型			产权年限			
	车位住户配比			交房时间			
	装修标准			装修时间			
	开盘房源						
	小区内配套						
周边配套	交通路线			餐饮娱乐			
	医疗设施			公园健身			
	学校幼儿园			银行金融			
	商业购物			嫌恶设施			
	周边竞争楼盘						
房屋信息	在售户型	一室一厅	二室一厅	三室一厅	四室两厅	复式	跃层
	面积区间						
	得房率						
	套数						

续表

房屋信息	所占比例						
	销售率						
	在售均价						
楼盘项目介绍							

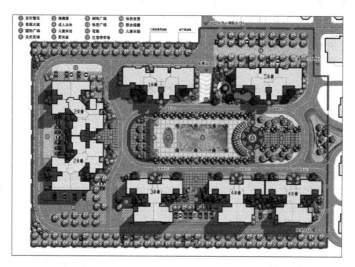

图 4-2 某小区整体布局图

有条件的房地产经纪机构还应当为每套房屋绘制专业的房屋户型图。房地产经纪人员在房地产经纪活动中，经常会接触、使用到房屋户型图。房屋户型图中房屋朝向一般为上北下南、左西右东，并用箭头或指针标注正北方向。通过房屋户型可以清晰地看到该户型的房屋朝向、入口、房间内部布局（包括客厅、卧室厨房、卫生间、阳台的布局、数量和组合关系），以及门、窗的位置等。有些户型图还标注了客厅、卧室厨房、卫生间、阳台的长、宽尺寸。如通过房屋户型图（图 4-3），可以看出该户型的朝向，以及客厅、卧室、厨房、卫生间、阳台布局、数量和组合关系，以及户外楼梯、电梯的位置等。

二、建立房源和客源信息库

（一）房源的收集和管理

房地产买卖市场上的房源就是待售的存量房屋。在存量房屋买卖经纪业

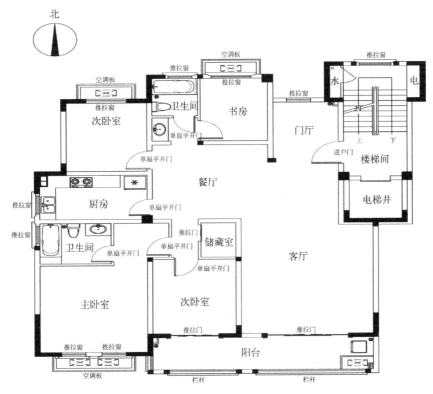

图 4-3 房屋户型图

务中，房源是指房屋所有权人或其代理人委托房地产经纪机构出售的存量房屋。从房源的特点来看，房屋成为房源必须具备两个条件：一是能出售，即房屋真实存在且无禁售的权利限制；二是要出售及房屋所有权人有出售的真实意思表示，价格合适就可以正常办理不动产转移登记手续。房源信息是指与委托出售房屋相关的信息，包括房屋的实物状况、权益状况、区位状况和物业管理状况以及委托人身份、价格等相关信息。房源信息既包含有利于售出的信息，如房屋的优点和卖点，也包括不利信息，如房屋的瑕疵。

房源信息包括房屋出售权情况、房屋状况、出售条件等基本要素。

房屋出售权主要包括委托人的姓名、联系电话等，在签署独家代理委托协议时还需要留下委托人的身份证复印件和房地产权属证书复印件，以保证信息的真实性。委托人不是房屋所有权人的，还要要求委托人提供房地产所有权人的相关信息及委托书。

房地产状况包括房地产的位置、物业类型、权属证明材料以及复印件、产权性质、用途、现状、面积、楼层、装修、朝向、家具电器、户型、停车位、物业管理收费标准及是抵押等。

出售条件主要包括委托人所定的出售价格，以及交房日期、税费支付方式等。出售挂牌条件是动态变化的，即当时的挂牌要求可能随着时间的推移和潜在购买者的多寡以及市场供求关系变化而变化。

1. 搜集房源的渠道和方法

房源搜集也称房源开发，是房地产经纪人员招揽经纪业务的一项基础性工作。搜集房源的渠道和方法主要有以下几种。

一是门店接待。门店接待是房地产经纪人员比较有效的房源收集方式，也是目前最常用的方式。门店接待，是指房地产经纪人员利用房地产经纪机构开设的门店，接待业主和客户来访、咨询，发现业务商机，接受业主委托的方式。

二是互联网搜寻。通过互联网获取房源信息，是指房地产经纪人员利用房地产网站、手机 APP 等方式，解答交易相关问题，发掘经纪业务商机，接受房屋出售委托的方式。

三是电话获取。电话获取，是指房地产经纪人员通过接听来电和电话营销，搜寻出售房屋，接受业主委托，获得房源的方式。

四是老客户推荐。老客户推荐，是指房地产经纪人员服务过的老业主或者老客户，他们再向拥有房源的同事、亲属、朋友等推荐，从而使得房地产经纪人员获取房源的方式。

五是广告宣传。广告吸引，是指房地产经纪人员通过发布所在企业的宣传广告，发放市场行情等宣传品，吸引潜在的售房人来电、来访，发现业务商机，获取房源委托的方式。

六是社区开发。所谓社区开发，是指房地产经纪人员通过举办购房知识免费讲座，开展社区公益活动，或者以派送小礼品的方式进行陌生拜访等形式，搜集房源的方式。

七是业务合作。业务合作，是指房地产经纪人员通过与物业管理公司、开发企业和其他相关大型企业事业单位合作，收集房源的方式。

出售房源搜集的成果要体现在出售房源登记表上，经纪人员要把收集到的房源信息记录在登记表上（表4-2）。

房源编号	小区名称	具体位置	房号	户型	面积	报价	装修	委托人	联系电话

出售房源信息登记表　　　　　　　　　　　　　　　表 4-2

2. 房源的分类管理

按照不同的分类标准，房源可以分为不同的种类（图 4-4）。

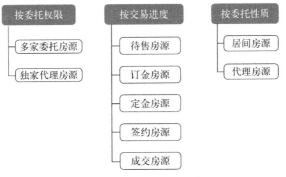

图 4-4　房源信息分类

　　收集和整理房源客源信息，最终目的是为了成交。以成交为导向，也可以把房源分为 A 类和 B 类。例如，对于待售房源来说，位于热销地段、产权清晰、具备合法的交易资格、卖方出售意向坚定、心理价位较接近市场价格的房源，其销售难度通常比较小，销售周期也比较短。这类房地产可归其为 A 类房源，进行重点销售。而对于一些存在某些瑕疵，或其他交易障碍的房地产则可归为 B 类房源，作为 A 类房源的补充，A、B 类房源的分类依据及特征参见表 4-3。

房源分类表　　　　　　　　　　　　　　　　　　　表 4-3

房源类型	分类依据	特征
A 类房源	（1）地理位置较好或处于热销地段	（1）市场需求旺
	（2）卖方心理价位合理	（2）销售难度小

续表

房源类型	分类依据	特征
A 类房源	(3) 卖方主动积极配合	(3) 销售周期较短
	(4) 具备合法上市产权	(4) 有房源钥匙
B 类房源	(1) 地理位置较差	(1) 市场需求小
	(2) 价格较高或没有竞争力	(2) 销售难度大
	(3) 业主配合不积极	(3) 销售周期较长
	(4) 产权不清或有其他阻碍成交的问题	(4) 无房源钥匙

3. 房源信息的更新和维护

房源是不断动态变化的，因此房源信息的时效性非常强，需要房地产经纪人员不断对房源信息进行维护更新，以保证其有效性。

一是周期性访问。房地产经纪人员对房源的委托人进行周期性访问，这是保证房源信息时效性的重要手段。将房源分为不同的级别，对于不同等级的房源制定不同的访问计划与访问期限。

二是详细记录房源信息的变动情况。随着交易的推进，业主的出售心态和出售条件经常发生变化，因此对房源信息的每一次变动，都要记录下来。一方面可以真实掌握业主的出售心态，另一方面可以相应调整服务策略，进一步提高成交的可能性。

(二) 客源信息的收集和管理

房地产买卖市场上的客源就是有需求有能力的潜在购房客户。在存量房屋买卖经纪业务中，客源是指委托房地产经纪机构买房的客户，客源可以是自然人，也可以是法人。从客源的含义来看，成为客源也须具备两个条件：一是有真实的购房需求，这种需求一开始可能是模糊的；二是有购房的资金实力，在限购的城市，客源还应当符合相应的购房资格。

客源信息是指与房屋成交相关的客户信息。一个有效的客源信息包括 3个方面的基本要素，分别是客源基础资料、需求信息和购买条件。客源基础资料主要是客户的基本信息，又因客户是个人还是单位有所不同。客源的需求信息是指客户对拟购房屋在实物、权益和区位方面的有关需求。这方面的需求信息很多、很广，常见的客源需求有：(1) 房地产基本状况，包括用途、位置、面积、房型、朝向、建造年代、楼层、装修等。若目标房地产是住宅，需要调查客户对卧室、浴室、层高、景观、朝向的需求意向。(2) 目标房地产价格，包括单价和总价、付款方式、贷款方式、贷款成数等。(3) 配套条件的要求，如商场、会所、学校、交通条件等。(4) 特别需求，如车位、通信设施、是否有装修等。客源的购买条件是指客户提出的购房总预算、购房时间、税费承担方式。

1. 客源搜集的渠道和方法

收集客源的渠道和方法，与收集房源的渠道和方式大同小异。

在实际的房地产经纪活动中，客户开发往往是采用多种方法，灵活运用。在不同区域、不同房地产市场和不同的客户类型，适用的方法可能有很大差异（开发渠道和方法的差异见表4-4）。房地产经纪机构和房地产经纪人员应通过实战，不断总结不同方法的适用条件和效果，针对目标客户采用最有效的一种或几种方法的组合，以提高开发效率。

开发渠道和方法比较　　　　　　　　　　　　　　　表4-4

渠道/来源	方法	优势	劣势
门店	门店接待法	简单易行、成本低、准确度高、较易展示企业形象、增加客户的信任感	较为被动、受地理位置影响很大
广告	广告宣传法	获得的信息量大、受众面较广、效果比其他的方式要好很多、间接宣传和推广公司品牌	成本较高、时效性较差
互联网	互联网搜寻法	更新速度快、时效性强	信息难于突出、客户筛选难度大
老客户	客户转介绍法	成本很低、客户真实有效	需要长时间积累
社区	社区开发法	成本较低、客户的准确性较高	较耗时、横幅易被损坏需要不断维护、须提前获得许可
相关机构	公关法	客源信息真实，有效	需要精心组织准备工作，大量公关工作

购房客源搜集的成果要体现在客源信息登记表上，经纪人员要把收集到的客源信息记录在登记表上，个人客户的客源信息登记表式样见表4-5。

客源信息登记表（个人客户） 表4-5

客户基础资料

姓名		性别		年龄	
职业		教育程度		籍贯	
家庭人口		子女年龄		入学情况	
联系电话		手机		传真	
电子邮箱					
联系地址					

需求信息

需求类型					
意向房地产类型					
意向区域					
意向楼层		房型		层高	
面积		朝向		单价	
总价		付款方式		贷款成数	
配套要求					
其他要求					

购房条件

委托交易编号		委托时间		客户来源	
推荐记录					
看房记录					
洽谈记录					
成交记录					
其他					

2. 客源分类和管理

按客户购买意向的强弱、经济承受能力、购买的区域范围及对房屋品质要求的程度等因素，可以将客源分为不同的等级。对于购买需求强烈、有一定经济实力、预算合理的客户，作为优质客源，要重点跟踪；对于购买需求不迫切、有一定购买力、要求较高的客户，作为良好客源，要定期跟踪，不断了解客户特征和需求；对于有需求无购买力，或者有购买力无购买需求的客户，作为一般客源，并保持联系，待时机成熟后促成交易。

客源信息可以按不同的方法进行分类，见表4-6。

客户分类表　　　　　　　　　　　　　　　　　　表4-6

客户特征	客户类别
客户的需求类型	买房客户
购买目的	自用客户
客户需求的房地产类型	住宅客户、写字楼客户、商铺客户和工业厂房客户及其他客户
客户的性质	机构团体客户和个人客户
与本经纪机构接触的次数	新客户、老客户、未来客户和关系客户
交易次数	交易过、交易中、将交易
房地产的价格区间	高价位房地产需求客户、中低价位房地产需求客户、低价位房地产需求客户

在实际工作中，还可以按照客源的要求分类：区域要求、户型要求、特殊要求；或按客源的重要程度分类：如客户的成交可能性程度分为 A 类（极有可能成交）、B 类（较大可能成交）、C 类（一般可能成交）、D 类（较小可能成交）、E 类（暂无效客户）。在科学分类的基础上，房地产经纪人员需要根据客户的紧迫程度进行分类，并制定一个详细的跟踪与维护计划，做到不打扰客户正常生活又防止客户流失。

在房地产经纪服务中，记录客源信息的常用表格主要包括针对个人客户的客户信息表以及针对机构客户的客户信息表、针对求购客户的登记表以及承租客户的登记表等。这些针对不同群体的表格其包含的基本信息有所不同，房地产经纪人员应根据具体的情况选择使用。

也可以按照房地产经纪业务的分类对房源客源信息进行分类，分类情况如图 4-5 所示。

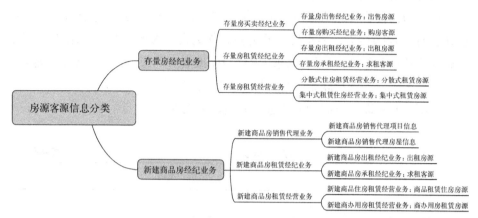

图 4-5　按照房地产经纪业务的类型对房源客源信息的分类

第五章

房地产交易咨询业务操作

第一节　房地产交易咨询概述

一、房地产交易咨询业务的定义

房地产交易咨询业务，是指房地产经纪机构和房地产经纪人员为协助房地产交易者或者完成受托事项，向房地产交易当事人解答房地产交易有关问题、提供专业建议、制定系统方案的经营活动。

在房地产交易活动中，提供咨询服务的房地产经纪机构和房地产经纪人员为房地产交易当事人充当顾问、参谋的作用。

房地产交易咨询是一项专业服务。房地产交易的特点，决定交易当事人在交易中会遇到各种各样的问题，这些问题涉及房地产交易制度政策、房地产价格、房地产金融、房地产税收等内容，交易当事人依靠自身又难以解答。房地产经纪人员凭借自身专业知识，能够解答交易当事人的这些问题。

房地产交易咨询是一种经营活动。房地产经纪机构和房地产经纪人员提供房地产交易咨询服务，是有成本的，理论上提供交易咨询服务需要收费。但是，交易咨询涵盖在房地产经纪服务中，通常不单独收费。另外，房地产交易咨询具有业务发生场景多种多样，业务重复、高频等特点。虽然房地产交易咨询是辅助性的交易活动，但房地产交易咨询在交易中必不可少。

二、面向开发企业的咨询业务

面向房地产开发企业的咨询业务，主要是房地产顾问业务，核心业务内容是房地产营销策划。

房地产营销策划主要包括了三部分服务内容：市场定位与产品设计定位，市场推广策划，项目销售策划（项目销售阶段）。

1. 市场定位与产品设计定位：根据前期市场分析，确定项目的整体市场定位，并确定目标客户群定位，进行目标客户群体分析，在市场定位和营销策划总体思路下，提出产品规划设计基本要求，协助确定符合市场需求和投资回报的产品设计方案，产品规划、设计理念，最终完成产品定位。

2. 市场推广策划：根据市场竞争环境分析和项目自身优劣势分析，针对目标市场需求，制定有效的市场推广计划，为产品上市销售做好准备。内容包括市场推广主题策略，营销策略，销售策略，市场推广工具设计（VI 设计及宣传品、销售工具设计），广告设计创作，媒体投放，公关活动策划等。

3. 项目销售策划（项目销售阶段）：此阶段主要是帮助发展商制定销售计划，协助展开促销工作，做好销售现场管理顾问，帮助发展商实现预定销售时间计划和收入计划。

为房地产企业提供战略运营、组织管控、流程设计、人力资源、知识管理、品牌规划和客户体验管理等方面的管理咨询服务。

第二节　关于交易主体的常见问题咨询

房地产的交易是人与人之间的交易，这个人可以是自然人、法人或者非法人组织，但是房地产交易人必须具备相应的资格或者资质。现实业务中，判断自己的服务对象能不能交易房屋，以及回答房屋交易的资格资质问题，是房地产经纪人员的基本功。

一、关于交易主体的相关规定

与房地产交易主体相关的问题，主要是资格的问题。判断一个人有没有房地产交易资格，一是看年龄，二是看精神状态，只有年龄和精神状态都符合标准，才能具有房地产交易资格。

能独立交易房屋的自然人，法律上称为完全民事行为能力人，包括两类：

1. 18 周岁以上（包括 18 周岁），且精神状态正常，没有精神疾病的人，可以独立交易房地产。

2. 16 周岁以上（包括 16 周岁）的未成年人，以自己的劳动收入为主要生活来源的，并且精神状态正常，没有精神疾病，也可以独立交易房地产。

3. 不能独立交易房屋的自然人，法律上称为限制民事行为能力人，或者无民事行为能力人。

1）第一种情况，根据年龄判断：

不满 16 周岁的未成年人；

16 周岁至 18 周岁，但不以自己的劳动收入为主要生活来的人。

2）第二种情况，根据精神判断：

精神状态不正常，或者有精神疾病，不能完全认识和判断自己交易房屋的后果，不能对自己行为的后果承担法律责任。

一个人即使超过 18 周岁，若患有精神病，依然不是完全民事行为能力人。按照人的精神状态、精神疾病来判断其为无民事行为能力人时，因为这涉及一个公民的权利能力问题，所以必须经过严格的法律程序，

第一，被申请宣告人必须是精神病人；

第二，必须经利害关系人申请；

第三，以法定程序宣告；

第四，必须由法院以判决的形式宣告。宣告或解除宣告一个人为无民事行为能力人或限制民事行为能力人，都是要式行为。

另外，有的城市还需要有购房资格。为了房地产市场调控的需要，对于房价过高、上涨过快的城市，在一定时期内，要从严制定和执行住房限购措施。原则上对已拥有 1 套住房的当地户籍居民家庭、能够提供当地一定年限纳税证明或社会保险缴纳证明的非当地户籍居民家庭，限购 1 套住房（含新建商品住房和二手住房）；对已拥有 2 套及以上住房的当地户籍居民家庭、拥有 1 套及以上住房的非当地户籍居民家庭、无法提供一定年限当地纳税证明或社会保险缴纳证明的非当地户籍居民家庭，要暂停在本行政区域内向其售房。

二、关于交易主体的常见问题

判断委托人或者咨询人有没有权利和能力交易房屋，是房地产经纪人员的基本功。一般情况下，房地产交易服务从回答业主、客户的交易相关问题开始。

（一）什么样的人能够出售、出租房屋？

老百姓所说的人，通常指自然人。根据《民法通则》《民法总则》《物权法》

《城市房地产管理法》等法律的规定，出售或者出租房屋的自然人至少应当符合两个条件：一是为完全民事行为能力人，二是为房屋所有权人。

如何判断一个人是否为完全民事行为能力人呢？一是看年龄，以居民身份证上的出生日期为准，18周岁以上的成年人具有完全民事行为能力人；16周岁以上的未成年人，但是以自己的劳动收入为主要生活来源的，并能维持当地群众一般生活水平的，可以认定为以自己的劳动收入为主要生活来源的完全民事行为能力人。二是看健康和精神状态，房屋出售人、出租人一定是能完全辨认自己行为能力的正常人，不能完全辨认自己行为的精神病人或者进入昏迷状态的病人不能独立出售出租房屋。

如何判断一个人是否具有房屋的所有权或者出售出租的处置权呢？主要看房屋权属证书上所有人权信息，房屋出售人或者出租人身份证件，与房屋权属证书上的所有权人一致的，即具有合法的出售出租房屋的权利。

（二）什么样的人有权购买、承租房屋？

通常情况下，具有完全民事行为能力的人都可以购买、承租房屋，包括法人和自然人。但是有些实施限购的城市，购买住房需要符合限购条件，取得购房资格。

（三）什么样的单位或者企业有权交易房屋？

法人有权交易房屋。法人是具有民事权利能力和民事行为能力，依法独立享有民事权利和承担民事义务的组织。如果说有血有肉的人是生而为人的自然人主体，那么法人就是依法设立或者成立的企业、单位、机构等组织，具备了法律意义上的主体资格。日常生活中所称的单位、机构、机关、企业、公司、团体甚至集体，都是法人。

法人包括营利法人和非营利法人。以取得利润并分配给股东等出资人为目的成立的法人，为营利法人。营利法人包括有限责任公司、股份有限公司和其他企业法人等。为公益目的或者其他非营利目的成立，不向出资人、设立人或者会员分配所取得利润的法人，为非营利法人。非营利法人包括事业单位、社会团体、基金会、社会服务机构等。另外，机关法人、农村集体经济组织法人、城镇农村的合作经济组织法人、基层群众性自治组织法人，为特别法人。

（四）什么样的人不能购买、承租房屋？

没有民事行为能力的人不能购买、承租房屋。这些人包括未成年人（未满 18 周岁）、精神病人、植物人等，这样的人即使签订了书面的房屋买卖合同或者房屋租赁合同，也被认为是无效的合同。

第三节　关于房地产交易房屋的常见问题

一、不能买卖的房屋

《城市房地产管理法》及《城市房地产转让管理规定》都明确规定了房地产转让应当符合的条件，规定了下列房地产不得转让：

1. 以出让方式取得土地使用权用于投资开发的，按照土地使用权出让合同约定进行投资开发，属于房屋建设工程的，应完成开发投资总额的 25% 以上；属于成片土地开发的，形成工业用地或者其他建设用地条件。同时规定应按照出让合同约定已经支付全部土地使用权出让金，并取得土地使用权证书。未达到上述条件的房地产不得转让，做出此项规定的目的，就是严格限制炒卖地皮牟取暴利，并切实保障建设项目的实施。

2. 司法机关和行政机关依法裁定、决定查封或者以其他形式限制房地产权利的。司法机关和行政机关可以根据合法请求人的申请或社会公共利益的需要，依法裁定、决定查封、限制房地产权利，如查封、限制转移等。在权利受到限制期间，房地产权利人不得转让该项房地产。

3. 依法收回土地使用权的。根据国家利益或社会公共利益的需要，国家有权决定收回出让或划拨给单位和个人使用的土地，任何单位和个人应当服从国家的决定，在国家依法做出收回土地使用权决定之后，原土地使用权人不得再行转让土地使用权。

4. 共有房地产，未经其他共有人书面同意的。共有房地产，是指房屋的所有权、国有土地使用权为两个或两个以上权利人共同拥有。共有房地产权利的行使需经全体共有人同意，不能因部分权利人的请求而转让。

5. 权属有争议的。权属有争议的房地产，是指有关当事人对房屋所有权和土地使用权的归属发生争议，致使该项房地产权属难以确定。转让该类房地产，可能影响交易的合法性，因此在权属争议解决之前，该项房地产不得转让。

6. 未依法登记领取权属证书的。产权登记是国家依法确认房地产权属的法定手续，未履行该项法律手续，房地产权利人的权利不具有物权效力，因此也不得转让该项房地产。

7. 法律和行政法规规定禁止转让的其他情形。

二、关于特殊房屋买卖的相关问题

（一）已购公有住房如何买卖？

已购公有住房的土地使用权绝大部分是划拨的，经济适用住房的土地使用权全部是划拨供给，原先的政策对这两类住房的上市有较严格的限制性规定。1999年4月，为鼓励住房消费，国家对已购公有住房和经济适用住房的上市从营业税、土地增值税、契税、个人所得税、土地收益以及上市条件等方面均给予了减、免优惠政策。缴纳相关税费之后，已购公有住房可以正常买卖。

（二）已购的经济适用住房如何买卖？

经济适用住房购房人拥有有限产权。购买经济适用住房不满5年，不得直接上市交易，购房人因特殊原因确需转让经济适用住房的，由政府按照原价格并考虑折旧和物价水平等因素进行回购。购买经济适用住房满5年，购房人上市转让经济适用住房的，应按照届时同地段普通商品住房与经济适用住房差价的一定比例向政府交纳土地收益等相关价款，具体交纳比例由市、县人民政府确定，政府可优先回购；购房人也可以按照政府所定的标准向政府交纳土地收益等相关价款后，取得完全产权。

已经购买经济适用住房的家庭又购买其他住房的，原经济适用住房由政府按规定及合同约定回购。政府回购的经济适用住房，仍应用于解决低收入家庭的住房困难。

已参加福利分房的家庭在退回所分房屋前不得购买经济适用住房，已购买经济适用住房的家庭不得再购买经济适用住房。

个人购买的经济适用住房在取得完全产权以前不得用于出租经营。

1. 经济适用住房上市交易，必须符合有关政策规定并取得完全产权。住房保障部门应当对个人是否已缴纳相应土地收益等价款取得完全产权、成交价格是否符合正常交易、政府是否行使优先购买权等情况出具书面意见。房屋登记、租赁管理机构办理房屋权属登记、租赁备案登记时，要比对住房保障部门提供的有关信息。对已购经济适用住房的家庭，不能提供住房保障部门出具的书面意见的，任何中介机构不得代理买卖、出租其经济适用住房；房屋租赁备案管理机构应当暂停办理其经济适用住房的租赁备案，房屋登记机构应当暂停办理该家庭购买其他房屋的权属登记，并及时通报住房保障部门。

2. 住房保障部门应当会同有关部门结合各地段普通商品住房交易指导价格，定期制订经济适用住房上市补交土地收益等价款的标准，报经市、县人民政府同意后公布实施。经济适用住房交易价格低于政府公布的同地段、同类普通商品住房交易指导价格的，依指导价格缴纳相应的土地收益等价款。

3. 各地要结合实际情况完善经济适用住房上市交易分配机制，健全上市交易管理办法。要按照配售经济适用住房时承购人与政府的出资比例，确定上市所得价款的分配比例、政府优先购买权等管理事项。其中，政府出资额为土地出让金减让、税费减免等政策优惠额之和。

（三）已购的限价商品房如何买卖？

限价商品房，又称限房价、限地价的"两限"商品房，是指政府为解决中低收入家庭的住房困难，在出让商品住房用地时，提出限制开发完成后的商品房价格及套型（面积）要求，由房地产开发企业公开竞买后，严格执行限制性要求开发建设和定向销售的普通商品住房。国家没有制定限价商品住房转让的统一政策，而是由各地根据具体情况指定并实施。一般而言，限价商品房在满足一定条件后是可以上市交易的。如北京规定，购买限价房在5年内不得转让，确需转让的可向保障部门申请回购，回购价格按原价格并考虑折旧和物价水平等因素确定；满5年转让限价房要按照届时同地段普通商品房价和限价房差价的一定比例缴纳土地收益价款。

（四）已抵押的房屋如何买卖？

已抵押的房屋可以正常买卖，只是需要办理过户之前，要事先解除抵押登记。具体流程和步骤可以参照图5-1回答咨询人。

三、不能租赁的房屋

公民、法人或其他组织对享有所有权的房屋和国家授权管理、经营的房屋可以依法出租。但有下列情形之一的房屋不得出租：

1. 属于违法建筑的；

2. 不符合安全、防灾等工程建设强制性标准的；

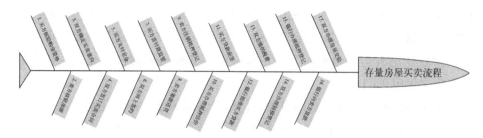

图 5-1 已抵押房屋的买卖流程和步骤

3. 违反规定改变房屋使用性质的；

4. 法律、法规规定禁止出租的其他情形的。

另外，《城市房地产抵押管理办法》及最高人民法院《关于审理城镇房屋租赁合同纠纷案件具体应用法律若干问题的解释》对特殊类型的房地产租赁合同效力作了进一步规定：

1. 抵押房地产经抵押权人同意可以出租。

2. 出租人就未取得建设工程规划许可证或者未按照建设工程规划许可证的规定建设的房屋，与承租人订立的租赁合同无效。但在一审法庭辩论终结前取得建设工程规划许可证或者经主管部门批准建设的，人民法院应当认定有效。

3. 出租人就未经批准或者未按照批准内容建设的临时建筑，与承租人订立的租赁合同无效。但在一审法庭辩论终结前经主管部门批准建设的，人民法院应当认定有效。

4. 租赁期限超过临时建筑的使用期限，超过部分无效。但在一审法庭辩论终结前经主管部门批准延长使用期限的，人民法院应当认定延长使用期限内的租赁期间有效。

为禁止"群租"，《商品房屋租赁管理办法》第八条规定：出租住房的，应当以原设计的房间为最小出租单位，人均租住建筑面积不得低于当地人民政府规定的最低标准。厨房、卫生间、阳台和地下储藏室不得出租供人员居住。北京、上海进一步严格了"群租"认定标准。北京规定，出租房人均居住面积不得低于 5m²，单个房间不得超 2 人，不得分割出租，不得按床位出租，厨房、卫生间、阳台和地下储藏室不能出租。上海规定，任一出租房间居住人数超过 2 人将被认定为群租。对于群租的出租人和转租人，由行政管理机关进行处罚。

第四节 关于房地产抵押贷款的常见问题

一、房地产抵押贷款的相关规定

（一）不得抵押的房屋

根据《物权法》《担保法》和《城市房地产抵押管理办法》等法律法规的规定，下列房地产不得设定抵押或抵押时受一定限制。

1）土地所有权不得抵押；地上没有建筑物、构筑物或在建工程的，纯粹以划拨方式取得的土地使用权不得进行抵押；乡（镇）、村企业的土地使用权不得单独抵押。

2）耕地、宅基地、自留地、自留山等集体所有的土地使用权，不得抵押，但是已经依法承包并经发包方同意的荒山、荒沟、荒丘、荒滩等荒地土地使用权除外。

3）权属有争议的房地产和被依法查封或者以其他形式限制的房地产，不得抵押。

4）用于教育、医疗、市政等公共福利事业的房地产不得进行抵押。

5）列入文物保护的建筑物和有重要纪念意义的其他建筑物不得抵押。

6）已被依法公告列入征收范围的房地产不得抵押。

7）以享有国家优惠政策购买获得的房地产不能全额抵押，其抵押额以房地产权利人可以处分和收益的份额比例为限。

8）违章建筑物或临时建筑物不能用于抵押。

9）依法不得抵押的其他房地产。

（二）住房公积金的提取和使用

职工个人住房公积金的提取，是指缴存职工因特定住房消费或丧失缴存条件时，按照规定把个人账户内的住房公积金存储余额取出的行为。

住房公积金的提取是有限制条件的，这与缴存住房公积金的长期性和互助性直接关联。职工提取住房公积金有两类情况：

1.职工住房消费提取：

1）职工购买、建造、翻建、大修自住住房的；

2）偿还购房贷款本息的；

3）房租超出家庭工资收入规定比例时的；房租超出家庭工资收入的比例

由当地住房公积金管理委员会确定。

2.职工丧失缴存条件的提取：

当缴存条件丧失时，可以提取其住房公积金，同时注销该职工住房公积金账户：

1）离、退休的；

2）完全丧失劳动能力并与单位终止劳动关系的；

3）户口迁出所在市、县或出境定居的；

4）职工死亡或者被宣告死亡的。

职工死亡或者被宣告死亡的，职工的继承人、受遗赠人可以提取职工住房公积金账户内的存储余额；无继承人也无受遗赠人的，职工住房公积金账户内的存储余额纳入住房公积金的增值收益。

职工提取公积金时由单位审核，住房公积金管理中心核准，由受委托银行办理支付手续。单位不为职工出具住房公积金提取证明的，职工可以凭规定的有效证明材料，直接到住房公积金管理中心或者受委托银行申请提取住房公积金。

职工对住房公积金的使用具体表现在申请个人住房贷款。缴存职工在购买、建造、翻建、大修自住住房时，可以向住房公积金管理中心申请住房公积金贷款。个人住房贷款是住房公积金使用的中心内容和主要形式。职工购买、建造、翻建和大修自住住房需申请个人住房贷款的，受委托银行应当首先提供住房公积金贷款。住房公积金管理中心或者受委托银行要一次性告知职工需要提交的文件和资料，职工按要求提交文件资料后，应当在15个工作日内办完贷款手续。15日内未办完手续的，经住房公积金管理中心负责人批准，可以延长5个工作日，并应当将延长期限的理由告知申请人。职工没有还清贷款前，不得再次申请住房公积金贷款。

二、个人住房贷款的相关问题

（一）个人住房贷款的类型

个人住房贷款分为商业贷款和公积金贷款。个人住房商业性贷款，俗称住房按揭贷款、按揭贷款、购房贷款等。公积金贷款由住房公积金管理中心运用住房公积金，委托银行向申请人发放的贷款。个人住房商业性贷款，是指个人购房时抵押其所购买的住房，作为偿还贷款的保证而向银行申请的贷款。购房人必须具有完全民事行为能力，购买的住房必须为依法建设的城镇住房。

（二）住房商业性贷款与住房公积金贷款区别

一是利率不同。商业性贷款的利率高，公积金贷款的利率低，例如 2017 年 7 月，25 年期商业性贷款利率 4.9%，公积金贷款利率只有 3.25%。后者只有前者的 2/3。若贷款 100 万元，贷款期限 25 年，商业性贷款比公积金贷款每月多 915 元；总还款额多 274387 元。

二是最高额度不同。商业性贷款最高额度由评估价或者网签合同价决定，评估价、网签价高，贷款额度也多。而公积金贷款的最高额度，政府管理部门有限制，各地规定不一样。例如，2017 年 7 月，北京市首套房最高额度为 120 万元，二套房为 80 万元。

三是贷款对象不同。商业性贷款对贷款对象受限比较少，而公积金贷款局限于缴存所在地贷款或者政策允许条件下的异地贷款。

四是确定具体额度和期限的因素不同。商业性贷款具体额度一般由成交价和贷款成数确定，期限由借款人规定的范围内自由选择；而公积金贷款确定额度和期限的因素，除了成交价和贷款成数以外，还包括公积金每月缴存额、个人或家庭收入等。

（三）申请公积金贷款需要条件

申请人为完全民事行为能力人，具有购房资格，而且申请人家庭无未还清的公积金贷款及公积金贴息贷款。

（四）申请公积金贷款，申请人账户应当具备条件

一是当前账户是缴存状态，未停止缴存；二是公积金账户开户 1 年以上，并且连续 12 个月（从申请日开始，向前推算 12 个月）足额缴存；三是贷款申请所在地与公积金缴存地一致。

（五）住房商业性贷款与住房抵押贷款区别

一是抵押房屋有所不同。住房商业性贷款的借款人，是即将拥有房屋所有权；而抵押贷款的借款人，是已经拥有房屋所有权。

二是贷款用途不同。住房商业性贷款的用途是非常明确的：用于购买指定的住房；而抵押贷款的用途很宽泛，各种消费（抵押消费贷）或者企业经营（抵押经营贷），抵押贷款有些用途，法律法规已经明令禁止，例如炒股、期货、外汇、炒房等。

（六）购买哪种类型的房屋才能申请公积金贷款

住宅和 70 年使用年限的公寓。商住两用的房屋不能使用公积金贷款。若

所购房屋为第二套住房，则该套住房只能为普通自住住房，不能为公寓、别墅及其他高档住宅。

（七）如何确定贷款年限

确定贷款年限要参考三个标准：一是住房商业性贷款的期限最长不超过25年；二是房屋年龄，一般要求房龄在30年以内，最长贷款年限计算：贷款年限 + 房龄 < 50（各银行之间有差异）；三是借款人年龄，一般要求借款人不超过65周岁，最长贷款年限计算：贷款年限 + 借款人年龄 < 65周岁。以上得出的三个最长期限，取最小值，就是该业务的最长贷款期限。

（八）有哪几种还款方式

一是等额本息，又称为定期付息，即借款人每月按相等的金额偿还贷款本息，其中每月贷款利息按初剩余贷款本金计算并逐月结清。

二是等额本金，又称利随本清、等本不等息还款法，即贷款人将本金分摊到每个月内，同时付清上一交易日至本次还款日之间的利息。

三是自由还款，是指借款人申请住房公积金贷款时，公积金管理中心根据借款人的借款金额和期限，给出一个最低还款额，以后在每月还款额不少于这一最低还款额的前提下，根据自身的经济状况，自由安排每月还款额的还款方式。

（九）不同还款方式有什么区别

不同还款方式的区别见表5-1。

不同还款方式的比较

表 5-1

差异	等额本息	等额本金
本金和利息比重不同	每月还款额相同，本金所占比例逐月递增，利息所占比例逐月递减。即在月供"本金与利息"的分配比例，前半段时期所还的利息比例大、本金比例小，还款期限过半后逐步转为本金比例大、利息比例小	每月的还款额不同，呈现逐月递减的状态，它将贷款本金按还款的总月数均分，再加上上期剩余本金的利息，这样就形成月还款额，所以等额本金法第一个月的还款额最多，然后逐月减少，越还越少
适合人群	比较适合在前段时间还款能力强的贷款人，当然一些年纪稍微大一点的人也比较适合这种方式，因为随着年龄增大或退休，收入可能会减少	每月的还款额度相同，所以比较适宜有正常开支计划的家庭，特别是年轻人，而且随着年龄增大或职位升迁，收入会增加，生活水平自然会上升

续表

差异	等额本息	等额本金
优劣	复合利率计算。在每期还款的结算时刻，剩余本金所产生的利息要和剩余的本金（贷款余额）一起被计息，也就是说未付的利息也要计息，这好像比"利滚利"还要厉害。在国外，它是公认的适合放贷人利益的贷款方式	简单利率计算。在每期还款的结算时刻，它只对剩余的本金（贷款余额）计息，也就是说未支付的贷款利息不与未支付的贷款余额一起计算利息，而只有本金计算利息

（十）申请商业贷款期间，若遇到国家调整基准利率，有何影响？

这种情况涉及 4 个时间节点：（1）人民银行发布的利率调整日期；（2）银行面签日期；（3）银行批贷日期；（4）银行放款日期。只要利率调整日在放款日期之前，执行调整后的新利率。也就是说，已面签、已批贷，只要未放款，执行调整后的新利率。国内银行对已放款的业务，利率调整的时间节点以年为单位，在下一个还款年开始时调整，也就是，次年 1 月 1 日开始执行新利率。

第六章

房屋租赁经纪和经营业务

第一节 房屋租赁经纪和经营业务概述

我国房屋租赁交易市场的潜在空间巨大，据统计，2017 年租赁交易额达到了 1.38 万亿元，在中国、美国、日本三个国家位列第一；随着我国城市化率进入加速阶段，近年来我国租赁市场规模更是逐年扩大，房屋租赁市场越来越被重视，"十九大"以后，党和国家更加强调了治理高房价问题，建立房地产长效机制，发展"租购并举"的房地产市场。在此背景下，未来房屋租赁市场规模将加速扩张，在房屋租赁涉及的业务领域，比如住房租赁、商业办公租赁等，将吸引更多人才流入，因此，房地产经纪从业者必须投入更多的精力到房屋租赁经纪业务的学习中去。

房屋租赁是房地产市场中的一种常见交易形式。《城市房地产管理法》第四章第五十三条规定："房屋租赁，是指房屋所有权人作为出租人将其房屋出租给承租人使用，由承租人向出租人支付租金的行为。"《国民经济行业分类》GB/T 4754—2017 则将其归类为房地产业的子行业之一，称为房地产租赁经营，指各类单位和居民住户的营利性房地产租赁活动，以及房地产管理部门和企事业单位、机关提供的非营利性租赁服务，包括体育场地租赁服务。从实务的角度出发，出租人并非只是房屋所有权人，也可能是转租人，即俗称的"二房东"，因此，本书将房屋租赁定义为，"房屋租赁是指各类企事业单位和自然人提供的各类房屋租赁活动，它包括新建商品房出租、存量房屋出租和转租，并且这种房屋租赁活动可以营利为目的，也可以非营利为目的。"

一、房屋租赁经纪业务概述

房屋租赁经纪业务，作为房地产经纪中的一项主要业务，是房地产经纪活动中的最频繁、最稳定的一项经常性业务。近年来，在经济不断发展、城市化不断深入，人口不断向大城市、中心城市聚集，随着房屋租赁需求激增，房屋租赁经纪业务发展迅速，并不断走向规范化、精细化、专业化。

房屋租赁经纪业务，是指房地产经纪机构及经纪人员按照房屋租赁经纪服务合同的约定，为房屋租赁提供居间或代理服务，并向委托人收取佣金的行为。按照服务方式，房屋租赁经纪业务可以分为房屋租赁居间业务和房屋租赁代理业务。房屋租赁居间是指房地产经纪机构及经纪人员按照房地产经纪服务合同约定，为房屋租赁双方报告订立房屋租赁合同的机会或者提供订立房屋租赁合同的媒介服务，并收取佣金的经纪行为。按照不同分类标准，不同类型的租赁经纪业务见图6-1。

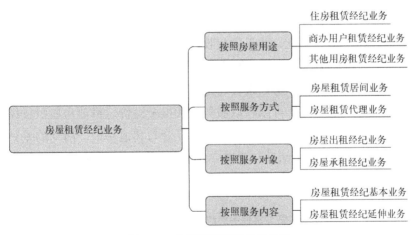

图6-1　房屋租赁经纪业务分类

在存量房租赁居间业务中，房地产经纪机构提供的基本服务内容主要包括：提供租赁信息，提供市场行情和相关政策咨询，房地产实地查看和权属调查，信息发布和广告宣传，协助议价、交易撮合、订立房屋租赁合同，代办房屋租赁合同备案手续。如有需要，还可以提供协助缴纳税费，协助交验房屋等服务，这些业务也被称为延伸业务。

在存量房租赁代理业务中，房地产经纪机构提供的基本服务内容主要包括：提供市场行情和市场政策咨询、房地产实地查看和权属调查、信息发布和广告宣传、装修装饰和家具家电配备、房屋交验等。如有需要,可代收代付租金、代办租赁合同备案手续、代缴税费等,这些业务的性质是延伸业务。

二、房屋租赁经营业务概述

房屋租赁经营,是指住房租赁企业通过对承租、托管、购买、自建等方式筹集来的房源,进行装饰装修、增配家具家电、提供租住服务等增值投入后出租,承担出租人责任并赚取租金溢价、空置期租金及相关服务费用的行为。如果不考虑自持自营的情况,这种业务带有很强的资产管理的性质。

房屋租赁经营曾被房地产经纪机构称为"房屋银行"和"房屋租托管",是从房屋租赁经纪业务中衍生出来的一种新型业态,目前从事住房租赁经营业务的市场主体也是以中介背景的机构为主。早期的房屋租赁经营,与存量房屋租赁代理混称,一度在官方文件中被叫作房地产经纪租赁代理。但是,从服务内容上,租赁经营和租赁代理的区别是,租赁经营通常要对房屋进行装饰装修和增配家具家电,并提供代收代付租金和房屋维护维修服务,而严格的租赁代理是一次性的交易服务行为,通常不提供这些服务。

如果从收费角度讲,房屋租赁经纪和房屋租赁经营亦有不同,经纪业务只能收取佣金,租赁经营可以收取服务费和租金溢价。目前房屋租赁经营被作为一个独立的行业鼓励发展。房屋租赁经营与其他房地产活动的差异见表6-1。开展住房租赁经营活动,要遵守住房租赁经营规范(《北京市住房租赁经营规范》见附件2)。

房屋租赁经营与其他房地产活动有所不同　　　　　　　　表6-1

方面 行业	收费	与客户的法律关系	投资
房屋租赁经营	租金（收益包含租金差价＋空置期租金）＋服务费用	租赁关系	相对重资产
房地产经纪	佣金＋其他延伸代办服务费	委托关系	轻资产
房地产开发	房屋销售收入	买卖关系	重资产
物业服务	物业服务费＋其他延伸服务收费	委托关系	轻资产

房屋租赁经营业务，按照不同的分类标准也有很多的分类（图6-2）。社会上被称为长租公寓的，是住房租赁经营中的集中式的租赁房屋；被称为联合办公或者众创空间的，是办公用房的租赁经营。随着人民对租住生活需要的提高，住房租赁经营的细分市场会越来越多，比如已经出现了人才公寓、白领公寓、蓝领公寓、青年公寓、老年公寓、女性公寓等类型。

从事房屋租赁经营的机构，规范的法律名称为房屋租赁经营企业，本质上是租住生活综合服务提供商。房屋租赁经营企业可以简称为租赁企业，他们兼具了很多职能或者职责，比如有改建和装修、运营和管理、交易和服务等，但所有的生意都是"低进高出"，租赁企业也不例外。从不具有租赁房屋所有权的角度来说，房屋租赁经营企业还是属于中介或者经纪的范畴。

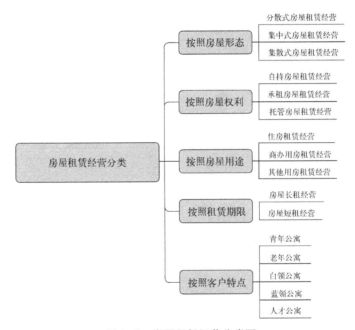

图 6-2 房屋租赁经营分类图

第二节 房屋租赁经纪业务操作

房屋租赁经纪业务相对买卖经纪业务来说，操作简单，业务流程也简单，房屋出租经纪业务流程见图6-3，房屋承租经纪业务流程见图6-4。

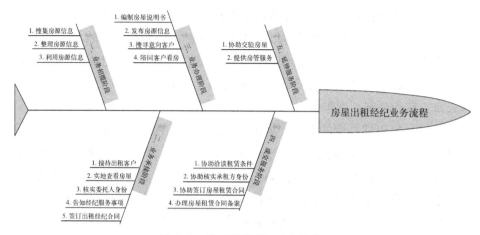

图 6-3　房屋出租经纪业务流程

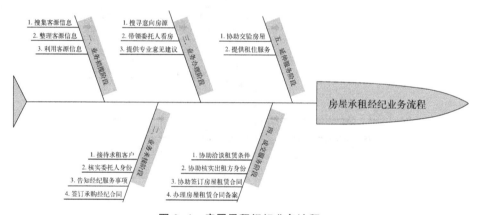

图 6-4　房屋承租经纪业务流程

一、业务招揽阶段

房屋租赁经纪业务房源信息，是指出租客户委托房地产经纪机构和经纪人员出租的房屋的信息，包括出租方的信息和委托出租房屋的信息两个部分。房屋租赁经纪业务的客源信息，是指出租客户委托房地产经纪机构和经纪人员承租的房屋的信息，包括承租方的信息和委托求租房屋的信息两个部分。房地产经纪人员还要搜集所负责区域的房屋租金信息，为客户提供市场信息咨询。

搜集和整理出租房源信息要填写出租房源信息登记表（表6-2），搜集和整理求租客户信息要填写求租客户信息登记表（表6-3）。

出租房源信息登记表　　　　　　　　　　　　　　　　表 6-2

房源编号	小区名称	具体位置	房号	户型	面积	整租/分租	租金	装修	委托人	联系电话

出租房源信息登记表　　　　　　　　　　　　　　　　表 6-3

客源编号	客户名称	联系电话	求租范围	户型	面积	租金	装修	用途

房源客源信息搜集之后，就要对房客源信息进行分析和挖掘，为搜寻对应的信息和信息配对做准备。

二、业务承接阶段

（一）出租客户接待

接待出租客户的基本流程如下：

1. 主体身份识别。查看委托人真实有效的身份证明及房地产权属证书，以确保其有权出租房屋。如果房屋属于共有产权，需提供共有权人同意出租的书面证明。房屋所有权人委托他人办理房屋出租事宜的，需提供委托证明。

2. 了解出租房屋的基本情况。包括房屋的位置、面积、结构、附属设施，家具和家电等室内设施状况，还要询问出租房屋是否属于法律法规规定不允许出租的房屋，是否符合当地人均居住面积的最低要求等。

3. 告知委托人必要事项。包括房屋租赁的一般程序；经纪服务的内容、收费标准和支付时间；需要委托人协助的事项、提供的资料等。

4. 告知委托人近期类似房地产租金水平，协助委托人初步确定房屋挂牌租金。

5. 对承租人的特殊要求（如果有）。

需要查看或收集的文件包括：（1）房地产权属证书原件及复印件；（2）房屋所有权人身份证原件及复印件；（3）共有产权人同意出租证明；（4）受托人身份证明原件及复印件、授权委托书。

（二）承租客户接待

接待承租客户的基本流程如下：

1. 询问对拟承租房屋的要求。包括区域、面积、户型、附属设施、家具、家电等。

2. 询问承租方租赁用途、心理价位。

3. 告知承租方经纪服务的内容、收费标准和支付时间。

房地产经纪人员还要查看承租人的身份证件，并留存复印件。

（三）签订房屋租赁经纪服务合同

经过实地查看房屋，并确保委托出租的房屋属于可出租房屋之后，房地产经纪人员应当尽快与出租方签署出租委托合同或居间合同，明确委托事项和权限。

三、业务办理阶段

房地产经纪人员要与出租方一同到现场查看登记出租的房屋，核实房屋的基本情况，并与出租方提供的房屋资料进行核对，确保两者相符。查验内容主要包括出租房屋的实物状况、权属状况以及区位状况等。实地查看房屋之后，需要编制房屋状况说明书（见本书附件），并请出租方签字确认。

客户必须有明确的指示，需求意向必须清晰，或买或租，哪个区域，何种房地产，能承受的价格范围或希望的价格范围，有无特殊需要等；即便不是唯一的，也得有明确的选择范围。另外，客户必须具有支付能力，即拥有购（租）房的经济实力。

业务办理的核心是调查清楚房屋信息和客户的需求信息，匹配完成后，要进行交易条件谈判，确定租赁意向。

四、成交服务阶段

租赁意向达成之后，就进入成交服务阶段，成交阶段的核心是签订房屋租赁合同及协助支付押金和租金。需要注意的是，在正式签约之前，要对租赁双方的身份再次进行核实，对房屋的性质再次进行确认，确保出租商品住房应当以原设计的房间为最小出租单位，人均租住建筑面积不得低于当地人民政府规定的最低标准，比如，北京、广州、武汉、昆明等多地规定，出租房屋人均居住面积标准不得低于 $5m^2$。厨房、卫生间、阳台和地下储藏室不得出租供人员居住。有下列情形之一的房屋不得用于房屋租赁：

1）不符合规划、建筑、消防、治安、卫生等方面的强制性安全条件的房屋，如违法建筑、危险房屋、消防验收不合格的房屋等；

2）法律、法规规定禁止市场化租赁的房屋，如保障性住房、直管公房、小产权房等；

3）违反规定改变房屋使用性质的；

4）法律、法规禁止租赁的其他情形。

商品房屋租赁合同是出租人与承租人签订的，用于明确租赁双方权利义务关系的协议。在租赁关系中，出租人和承租人所发生的民事关系通过租赁合同确定。因此，在租赁中出租人与承租人应当对双方的权利义务做出明确的规定，并且以文字形式形成书面记录，成为出租人与承租人关于租赁问题双方共同遵守的约定。

《城市房地产管理法》规定，房屋租赁，出租人和承租人应当签订书面租赁合同，约定租赁期限、租赁用途、租赁价格、修缮服务等条款，以及双方的其他权利和义务。《商品房屋租赁管理办法》对商品房屋租赁合同的内容作了进一步明确，要求一般应当包括以下内容：

1）房屋租赁当事人的姓名（名称）和住所；

2）房屋的坐落、面积、结构、附属设施，家具和家电等室内设施状况；

3）租金的押金数额、支付方式；

4）租赁用途和房屋使用要求；

5）房屋和室内设施的安全性能；

6）租赁期限；

7）房屋维修责任；

8）物业服务、水、电、燃气等相关费用的缴纳；

9）争议解决办法和违约责任；

10）其他约定。

租赁合同一定要优先选用当地的示范文本或者推荐文本。

五、延伸服务阶段

延伸服务阶段主要是协助交房，重点是租赁房屋的再次核验及交接。房屋交接要填写房屋交接验收表（表6-4），房屋出租人和承租人在验收承租房屋时，租赁双方根据房屋实际状况填写，核对无误后，签字确认。

房屋交接验收表 表6-4

房屋及当事人基本信息

房屋坐落			
出租人		身份证件号码	
承租人		身份证件号码	
经纪人员		身份证件号码	
出租人有权出租的证明文件	本人持有_____颁发的所有权证书，证书号_____		
	持有所有权人同意出租的其他证明：		

环境信息

是否有嫌恶设施	有_____/无
是否有噪声	有 / 无
是否属于凶宅	是 / 否
需要补充的其他信息	

配套设施设备

供水	自来水 / 纯净水 / 热水 / 中水		供电	220V/380V
外供暖气	汽暖 / 水暖		供燃气	天然气 / 煤气
自备采暖	电暖 / 燃气采暖 / 燃煤采暖		供暖周期	
太阳能集热器	有 / 无	空调	中央空调 / 自装柜机____台 / 自装挂机____台	
网络	无线 / 有线（数字、模拟）		互联网接入方式	拨号 / 宽带 /ADSL
电话	外线号码：	内线号码：		
需要补充的其他信息				

交接的家具、电器清单

名称	数量	品牌 / 型号	名称	数量	品牌 / 型号	名称	数量	品牌 / 型号
双人床			餐桌			电视		
单人床			椅子			洗衣机		

续表

衣 柜			沙发			冰箱		
床头柜			茶几			排油烟机		
书 柜			电视柜			燃气灶		
梳妆台						电话机		
写字台						热水器		
						空调		
需要补充的其他信息								

交接的房屋使用配套物品

钥匙	房屋入户门 / 单元门 / 小区门 / 信箱 / 其他
IC 卡	水 / 电 / 燃气 / 其他
使用凭证和交费凭证	有线电视 / 电话 / 网络 / 水 / 供暖 / 燃气
其他物品	

房屋的债权债务信息

费用	价格	预付余额	欠费额	费用	价格	预付余额	欠费额
水费				电费			
燃气费				固定电话费			
物业服务费				供暖费			
有线电视费				互联网费			
需要补充的其他信息							

交割金额

_____于_____年_____月_____日，向_____支付_____费用_____元。

交接人签字

出租人		日期	
承租人		日期	
房地产经纪人员		日期	

延伸服务的另一项服务内容是协助办理租赁合同备案。我国实行房屋租赁备案登记制度，由房地产管理部门对房屋租赁行为进行审查，可以使租赁行为规范、有序，避免许多可能发生的纠纷，促进社会稳定；同时，通过商品房房屋租赁备案制度，直辖市、市、县人民政府房地产主管部门可适时掌握不同类型房屋的市场租金水平等信息，对房屋租赁市场实施有效的监督、管理和调控。《城市房地产管理法》规定"房屋租赁，出租人和承租人应当签订书面租赁合同，约定租赁期限、租赁用途、租赁价格、修缮责任等条款，以及双方的其他权利和义务，并向房产管理部门登记备案"。《商品房屋租赁管理办法》第十四条规定："房屋租赁合同订立后30日内，房屋租赁当事人应当到租赁房屋所在地直辖市、市、县人民政府房地产主管部门办理房屋租赁登记备案"。

第三节　房屋租赁经营业务操作

一、分散式公寓的运营和管理

房屋租赁企业收集房源客源信息的渠道和方式与租赁经纪和买卖经纪业务大同小异，主要渠道和方式包括：（1）门店接待；（2）网络端口；（3）客户转介绍；（4）网络宣传；（5）地面推广；（6）与周边公司的合作（跟进客户群的确立定向选择有租赁需求的公司）；（7）在广告栏贴条；（8）社区广告橱窗宣传等。对于中介背景的房屋租赁企业而言，租赁的房客源是可以转化成为买卖的房客源的。比如，租赁刚需客户随着收入的提高，会成为品质租赁客户，进一步会成为买房刚需客户，未来还会成为改善需求的购房客户（原来解决刚需的小房子可以成为出售房源或者出租房源），最终有可能还会成为投资购房客户。分散式房屋租赁经营业务流程见图6-5。

房屋租赁经营企业要设立不同的部门，承担不同的职能，这些部门大致分为前台部门、中台部门和后台部门，部门设置可以根据企业具体情况和租赁房屋的规模进行相应调整。部门设置见图6-6~图6-8。

二、集中式公寓的运营和管理

依据租赁企业对于房屋的持有方式不同，可分为自有自营和受托经营两种模式。

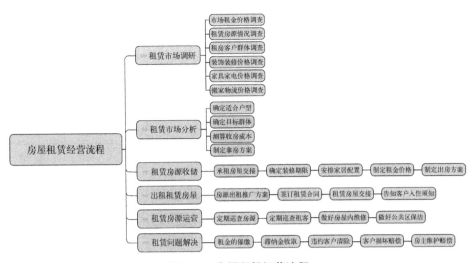

图 6-5　房屋租赁经营流程

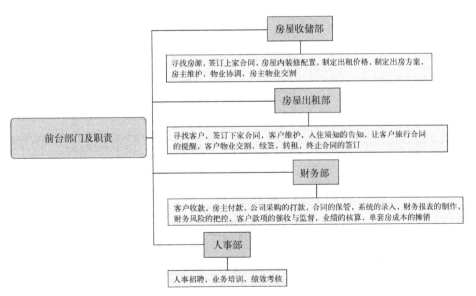

图 6-6　房屋租赁企业前台部门及职责

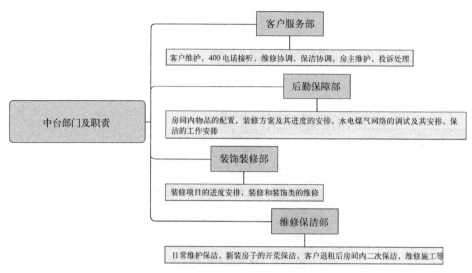

图 6-7 房屋租赁企业中台部门及职责

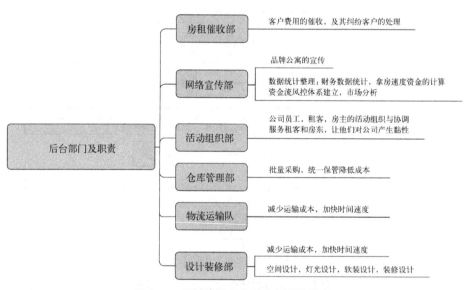

图 6-8 房屋租赁企业后台部门及职责

1. 自有自营模式，又称重资产模式，是租赁企业通过自建、收购等方式获取并持有房源、对外出租，主要通过收取租金获取利益的模式。采取重资产运营模式的企业往往具有雄厚的资金实力。标的物业的产权及运营权为同一方。租赁企业在获取物业的产权后，进行该物业的租赁运营，既获得了租金收益，又拥有资产增值收益，对于具备资金实力的企业来说，这种模式具有较大吸引力。重资产模式尚未形成规模发展，本书不予重点介绍。

2. 受托经营又称轻资产运营模式，租赁企业并不持有物业，而是采用包租或托管模式运营房源。轻资产模式前期所需要的资金较少，降低了运营机构对于资金的门槛，同时可以使企业在短时间内快速拓展。选择轻资产运营模式的企业，多为不具备资金实力或实行规模化战略的企业，如中介企业，因其长时间积累的大量业主及客户，而选择轻资产运营；酒店系及创业系企业，在资金方面不具备优势，在运营效率及互联网流量方面具有先天优势，因此以轻资产运营模式为主。

受托经营中的包租模式是目前我国集中式租赁住房经营的主流模式。即业主全权委托租赁企业进行物业的运营和租赁，业主不参与租赁过程，租赁企业按照双方约定向业主方缴纳物业租金。一般租赁企业从业主端将房源包租后，会对房源进行二次装修，按照目标租客的需求将房屋进行改造升级，然后以高于原租金的价格出租出去，空置期损失由租赁企业自行承担，这种模式下，租赁企业的盈利主要从房东端及租客端的租金价差中获取。

集中式房屋租赁经营行业的市场参与主体包括：物业产权方、租赁企业、营销平台企业、工程承包商、租客。在各市场主体之上，集中式租赁经营住房由各政府监管部门，如工商、税务、公安、消防、建委等部门对行业进行监管。各参与者之间的相互关系如图6-9所示。

站在公寓运营企业的角度，集中式长租公寓项目的开发流程及监管部门如图6-10所示：

集中式房屋租赁经营产业链涉及房源开发、设计、装修、配置、获客、运营、租后管理等多个环节。从房源端到客源端的匹配，需要产业链的各个环节有效整合匹配后，形成生态闭环。一般从房源开发到初次获客的时间跨度为3～6个月。

集中式的租赁住房根据市场定位不同，相应的配置也有差异。不同档次租赁住房的配置情况见表6-5。

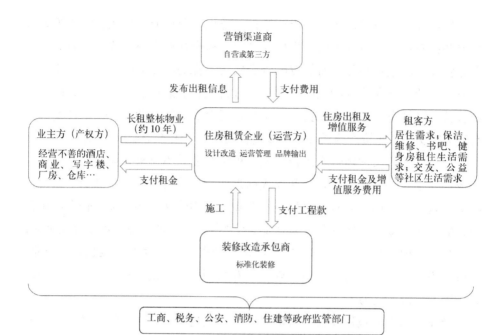

图 6-9 住房租赁企业与相关各方的关系

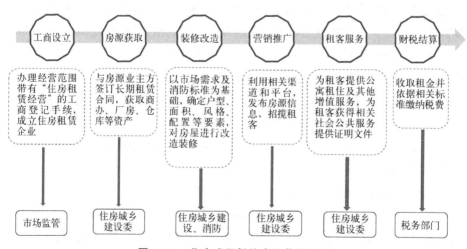

图 6-10 集中式租赁住房经营流程图

不同档次租赁住房的配置情况 表 6-5

配置＼类型	高档租赁住房	中档租赁住房	低档租赁住房
每间居住人数	1～3 人	不多于 2 人	4～10 人不等
租住面积	80～120m²	20～40m²	20～30m²
户型设计	2～3 居室为主	开间为主	开间为主，床位
房间设施	床、书桌、衣柜、椅子、台灯、穿衣镜、冰箱、热水器、抽油烟机、无线路由器、电视、空调、洗衣机、电磁炉、烘干机等	床、书桌、衣柜、椅子、穿衣镜、冰箱、无线路由器、空调、洗衣机等	床、书桌、椅子、柜子、无线路由器等
公共区域功能	餐饮、购物、休闲会客、影院等服务功能齐全	休闲会客、购物等服务功能	公共区域服务设置较少

第七章

存量房屋买卖经纪业务操作

第一节　存量房屋买卖经纪业务概述

存量房屋买卖经纪是指房地产经纪机构及经纪人员为实现委托人买卖存量房屋的目的,按照房屋出售经纪服务合同、房屋购买经纪服务合同的约定,向委托人提供房地产买卖代理或者居间服务,并向委托人收取佣金的行为。存量房屋买卖经纪业务是房地产经纪行业的核心业务。

一、存量房屋买卖经纪业务的分类

按不同的分类方式,存量房屋买卖经纪业务分为不同的类型。

1. 根据房地产经纪服务标的房地产的用途,可以分为存量住房买卖经纪业务和存量商办房屋买卖经纪业务。

2. 根据买卖委托方,可以分为存量房屋出售经纪业务和存量房屋购买经纪业务。

3. 根据服务方式,可以分为存量房屋买卖居间业务和存量房屋买卖代理业务。如果经纪服务合同中,明确房地产经纪机构是居间人,则房地产经纪机构属于中立的第三方,只为房地产交易双方提供撮合服务或提供成交的机会;如果经纪服务合同中,明确房地产经纪机构是代理人,则房地产经纪机构只能代表交易双方中某一方的利益,因此,存量房屋买卖代理业务又分为存量房屋购买代理业务、存量房屋出售代理业务。

二、存量房屋买卖经纪业务的服务内容

在存量房屋买卖经纪业务中，房地产经纪机构和房地产经纪人员提供的基本服务内容主要包括：提供房客源信息，提供交易咨询服务（咨询内容包括交易流程、交易风险、市场行情和交易政策等），实地查看房屋和调查房屋权属情况，编制房屋状况说明书、发布房源客源信息及广告宣传，协助议价，交易促成，协助订立存量房屋买卖合同等；提供的经纪延伸服务内容主要包括：代办抵押贷款、交易资金监管、协助缴纳税费、代办不动产登记、协助交验房屋等。

三、存量房屋买卖和经纪服务流程

买卖经纪依附于买卖，买卖经纪服务围绕着买卖流程展开。了解存量房买卖经纪流程，必须先知道存量房买卖的一般流程。存量房屋买卖是房地产转让的一种，《城市房地产转让管理规定》对房地产买卖的程序做了如下规定：

1. 房屋买卖当事人签订书面买卖合同；

2. 房屋买卖当事人在买卖合同签订后 90 日内持房屋权属证书、当事人的合法证明、买卖合同等有关文件向房地产所在地的房屋管理部门提出申请，并申报成交价格；

3. 房屋管理部门对提供的有关文件进行审查，并在 7 日内做出是否受理申请的书面答复，7 日内未作书面答复的，视为同意受理；

4. 房屋管理部门核实申报的成交价格，并根据需要对买卖房屋进行现场查勘和评估；

5. 房屋买卖当事人按照规定缴纳有关税费；

6. 登记机构办理房屋权属登记手续，核发权属证书。

但是，现实中存量房屋买卖的流程远比法律规定的程序复杂。买卖合同签订之前的流程，主要由经纪人员引导和把控，业内习惯称为售前阶段。买卖合同签订之后的流程，主要按照交易管理的需要进行，业内习惯称为售后阶段，签订买卖合同之后的正常买卖的流程还包含图 7-1 所示的若干环节。

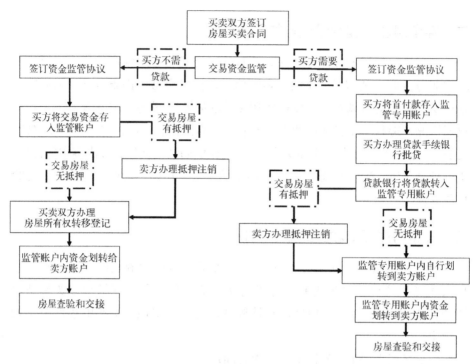

图7-1 房屋买卖合同签订之后的交易流程图

如果购房人贷款购买已抵押的房屋，流程见图7-2。

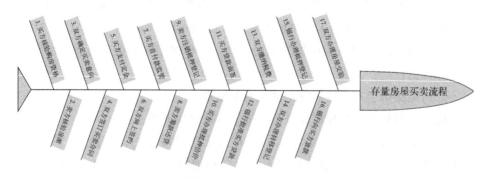

图7-2 贷款购买已抵押的存量房屋流程图

存量房买卖经纪服务流程与委托人身份有关，委托人为买方的业务流程见图7-3，委托人为卖方的业务流程见图7-4。

图7-3 存量房购买经纪业务流程图

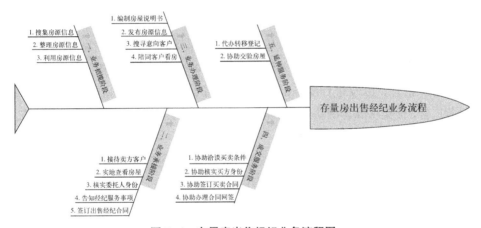

图7-4 存量房出售经纪业务流程图

第二节 存量房屋买卖经纪操作实务

存量房屋买卖经纪业务的基本流程包括6大阶段，26个环节。

1．业务招揽阶段。包括发布服务广告，搜集房源客源信息，接待顾客来访，解答交易相关问题等4个环节。

2．业务承接阶段。包括准确了解情况，实地查看房屋（针对存量房屋出售经纪业务），书面告知房地产经纪服务事项，签订存量房屋买卖经纪服务合同，编制房屋状况说明书（针对出售经纪业务）等5个环节。

3．带客看房阶段。包括发布房源信息，匹配房源客源信息，带领或陪同客户看房，协助查看房屋状况（针对存量房屋购买经纪业务）等4个环节。

4．促成交易阶段。包括协助洽谈房屋买卖价格、付款方式、税费承担等交易条件，协助查验房屋权属状况或购房人资格情况，协助签订定金合同等3个环节。

5．协助签约阶段。包括解读存量房屋买卖合同条款、协助签订存量房屋买卖合同、协助办理网上签约手续、结算经纪服务费用等4个环节。

6．协助履约阶段。包括协助解除房屋抵押（针对出售经纪服务），代办贷款（针对购买经纪服务），协助结算、划转房屋交易资金，协助缴纳税费，代办房屋所有权转移登记，协助房屋查验和交接等6个环节。

一、业务招揽阶段

存量房屋买卖经纪业务招揽是指房地产经纪机构为获得存量房屋买卖经纪业务的委托，由房地产经纪人员提供存量房屋买卖咨询服务，搜集和发布房源客源信息，以及进行服务品牌推广宣传的行为。业务招揽通常包括发布服务广告，搜集房源客源信息，接待顾客来访，解答交易相关问题等4个环节。

（一）发布服务广告

发布广告是最传统的业务招揽方式，广告形式包括地铁广告、电视广告、广播广告、网络广告等，广告的内容以宣传企业为主。随着房地产经纪行业的发展，房地产经纪企业品牌宣传的广告越来越多。

（二）搜集和发布房源客源信息

搜集房客源信息，又叫房客源开发。房源客源信息收集方式主要有以下几种。

一是开展业务宣传，包括举办免费讲座，发放房屋交易知识手册，开展各类社会公益活动，提供手机应急充电、雨伞借用、打印复印、快递寄存等便民服务。

二是通过老客户推荐，包括定期回访老客户，提供房地产市场信息，挖掘新的房屋交易需求，请其引荐新的客户等。

三是与物业公司开展合作，获取小区的基本信息，收集小区房屋的出售信息等。

四是开展电话营销、网络营销、微信营销、微博营销，招揽经纪业务。

房客源开发的目的和招揽业务的目标一致，都是为了获取商机，即获取存量房屋买卖经纪业务的委托。房地产经纪人员要靠的长期坚持不懈的社区精耕，成为小区居民的好邻居，才能获得更多的业务委托机会。

（三）接待客户来访

招揽业务的成效，是有客户来电、来访。接待客户一定要注重商务礼仪，并且要全面准确地了解客户需求信息，包括登记来电咨询问题的客户信息，到店来访的客户信息，网络上咨询相关问题的客户信息等。

（四）解答相关问题

客户来电或者来访通常是有求而来，带着问题而来。经纪人员一定要通过礼貌接待和专业解答，给客户留下良好的第一印象。客户经常咨询的相关问题见第五章。

二、业务承接阶段

承接业务阶段，包括：接待客户准确了解情况；实地查看房屋；书面告知房地产经纪服务事项；签订房地产经纪服务合同；编制房屋状况说明书等5个环节。

（一）准确了解情况

要准确了解卖房和买房客户的真实情况。

1. 主体身份识别。经济人员要辨别卖方客户的身份以及是否有权利处分房屋，包括是否为房屋所有权人、是否成年、精神状况是否正常等。如委托人不是房屋所有权人，须提供房屋所有权人出具的书面授权委托书。识别买方客户的主体资格包括是否为完全民事行为能力人，如果不是，需要看是否有监护人。

2. 了解买卖需求

了解业主卖房的原因和资金要求，包括资金需要的迫切程度，是否需要一次性付款，能否接受买方商业贷款或公积金贷款等。了解房屋本身的权利状况，以及是否符合出售条件，包括：是否是共有产权，共有人是否同意出售；是否设有抵押，抵押权人是否同意出售；是否为限制出售的房产，如经济适用住房、未购公有住房、小产权房等。

了解买房客户的购房目的和资金实力，有没有购房资格、贷款资格和支付能力；对求购房屋的要求，包括区域、面积、户型、建筑年代、学区等。

（二）实地查看房屋

对于房屋出售经纪业务来说，接待完业主之后，应当及时去实地查看待售的房屋，并填写出售房源实勘信息表。房屋实地查看，也叫空看（相对于带看而言），是房地产经纪人员亲自到房屋所在小区、房屋所在楼内、房屋里面，查看并记录房屋状况的行为。只有通过房屋实地查看，房地产经纪人员才能够真实了解和掌握出售房屋的区位状况、实物状况以及物业服务状况。实地查看房屋是房地产经纪人员完成房地产买卖经纪服务不可或缺的工作步骤，能够直观感受房屋状况，也是与业主建立情感、增进了解、增加信任的重要机会。

1. 实地查看房屋前的准备工作

房地产经纪人员在房屋实地查看前，应做好相关准备工作：

1）提前收集现有信息。一是通过房屋基础信息库和互联网，查询了解委托出售房屋的地理位置、交通情况、周边环境、商业配套、教育配套、医疗配套等情况，并做好记录；二是收集最新成交的案例，特别是类似房屋的，大致确定一个合理售价区间；三是确定到达出售房屋的路线和方式，在获知房屋的具体详细位置，即房屋所在的区、路、号、小区、栋、门牌号，最好提前踩点。

2）联系确定看房时间。提前与出售委托人约定房屋实地查看的时间，至少提前3天预约看房时间，看房时间最好具体到大致几点几分到，然后在看房的前一天再次进行确认。

3）准备好看房携带的工具和资料。需要携带的工具包括测距工具（激光测距仪或卷尺）、拍照的工具（相机、具有拍照功能的手机）、专业表格和业务文书（房源信息登记表、房屋状况说明书）、计算器和鞋套等。

2. 实地查看的内容

在房地产经纪服务过程中，房屋实地查看主要包括三方面的内容：实地查看房屋区位状况、实物状况和物业管理状况。

1）房屋区位状况是指要查看的房屋与其他房屋或建筑物的空间方位和距离。包括坐落、楼层、朝向、交通条件（道路状况、出入可利用的交通工具、停车方便程度）、周围环境和景观（自然环境、人文环境、景观）、外部配套设施等情况。

2）房屋实物状况是指房屋自身及内部的状况，包括建筑规模、空间布局、房屋用途、建筑高度、层高或室内净高、建筑结构、设施设备、装饰装修、隔声、通风、采光、房龄、设计使用年限、外观等情况。

3）房屋物业管理状况是指对标的房屋共用部分的维护管理情况，包括物业服务企业名称、物业服务费标准和服务项目、基础设施的维护情况和周边环境的整洁程度等。

在房地产经纪人员对房屋实地查看前，并不十分清楚房屋的具体位置，因此为了使房屋实地查看更有效率和针对性，首次看房的房地产经纪人员应首先查看房屋实物状况、再看房屋物业管理状况和房屋区位状况。

出售房源实勘的成果要体现在出售房源实勘信息表上，经纪人员要把实勘到的房源信息记录在信息表上，出售房源实勘信息表式样见表7-1。

出售房源实勘信息表

表 7-1

房屋地址：_____

建成年份：_____年　　　　所在小区：_____

面　　　积：□建筑面积_____平方米

户　　　型：□平层　　□复式　　□跃式 _____室_____厅_____卫_____阳台

楼　　　型：□高层　　□小高层　　□多层　　　□别墅　　□其他

装　　　修：□精装　　□简装　　□毛坯　　房屋朝向：_____

所在楼层：_____　　最高楼层：_____

结　　　构：□砖混　　□框架　　□楼板　　□其他_____

居住现状：□空房　　□自住　　□租户住　　□其他_____

产权状况：□两证齐全　□购房合同　□产权正在办理　□使用权（公房）

登记时间：_____年　　　　物业服务费：_____元/（平方米·月）

权属证书：不动产权证号：_____

　　　　　　房屋所有权证号：_____

基本设施：□天然气　□宽带　□有线电视　□电话　□车位　□储藏室　□电梯

拟挂牌价格：_____万元　　税费承担方式：_____

个性标签：□无　□学区房　□次新房　□即买即住　□地铁房

房　　　主：_____　　电话：_____　　手机：_____

装修及该房屋其他说明：

_____

_____

（三）书面告知房地产经纪服务事项

在签订房地产经纪服务合同前，房地产经纪人员向委托人书面说明房地产交易相关事项是非常重要的一个环节，也是《房地产经纪管理办法》里明确规定的一个法定环节，但现实中房地产经纪人员急于签单，往往忽略这个环节。

签订房地产经纪服务合同前，房地产经纪人员应当向委托人说明房地产经纪服务合同和房屋买卖合同或者房屋租赁合同的相关内容，并书面告知下列事项：

1．是否与委托房屋有利害关系

此项内容体现了房地产经纪机构和房地产经纪人员在房地产经纪活动中应遵循的回避原则。房地产经纪机构和房地产经纪人员存在以下情形的，应当回避或如实披露并征得另一方当事人同意：一是与房屋出卖人或者出租人有利害关系，如房主为房地产经纪人员的直系亲属等；二是与房屋的承购人或者承租人有利害关系的，如房地产经纪人员是买方的直系亲属等。

2．应当由委托人协助的事宜、提供的资料

房地产经纪机构应当根据房地产交易相关规定，告知委托人要提供本人及相关人员的身份证明、房屋权属证明、房屋共有权人同意出售等有关证明和文件资料，协助调查委托出售的有关信息、配合看房、配合查询房屋产权等事宜。

3．委托房屋的市场参考价格

市场价格是某种房地产在市场上的一般、平均水平价格，是该类房地产大量成交价格的抽象结果。房地产经纪机构应当搜集大量真实的交易实例，选取符合一定条件的交易实例作为可比实例，向委托人提供真实客观的市场参考价格，便于引导委托人根据房屋本身实际情况，合理设定心理价格和对外报价。

4．房屋交易的一般程序及可能存在的风险

房地产经纪机构应当根据委托交易方式的需求，将有关交易程序告知委托人。同时，对可能存在的交易主体、标的物、不可抗力等风险如实向委托人进行告知。

5．房屋交易涉及的税费

在房屋交易中，根据权属性质、房地产用途、购买年限的不同，所缴税

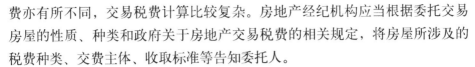

费亦有所不同，交易税费计算比较复杂。房地产经纪机构应当根据委托交易房屋的性质、种类和政府关于房地产交易税费的相关规定，将房屋所涉及的税费种类、交费主体、收取标准等告知委托人。

6. 房地产经纪服务的内容及完成标准

根据不同的分类方式，房地产经纪服务所涉及的房地产经纪业务服务内容和完成标准也有所不同，房地产经纪机构应该根据委托房屋的实际情况以及针对委托人的实际需求予以详细告知。

7. 房地产经纪服务收费标准和支付时间

佣金是房地产经纪服务成果的回报，但必须以合法的方式收取。在房地产经纪服务中，经常出现由于房地产经纪机构未明确或未公示服务标准和佣金标准，房地产经纪机构与委托人对实际中的经纪服务和收取的佣金有明显的认识差异，发生冲突和纠纷。因此，房地产经纪机构应当事先告知委托人并在房地产经纪服务合同中明确具体的收费标准和支付时间。收费标准应当与行业相关的法律、法规和规定相符合，并与经营场所公示的有关内容相一致。

8. 房款交付事项

包括房款交付的时间及数额、房款监管的要求、监管的部门及程序等。

9. 其他服务相关事项

如果房地产经纪机构提供代办贷款、代办房地产登记等其他服务的，还应当将相关服务的完成标准、收费标准告知交易当事人，并予以书面确认。

房地产经纪机构应交易当事人的要求提供房地产经纪基本服务以外的其他服务的，应当事先经当事人书面同意并告知服务内容及收费标准。书面告知材料应当经委托人签名（盖章）确认。

在实际操作层面，房地产经纪人员口头向委托人告知和解释相关情况后，还应当填写一个制式的房屋出售经纪服务事项告知书。房屋购买经纪服务事项告知书的示范文本见附录3。

（四）签订房地产经纪服务合同

房地产经纪服务合同是确立房地产经纪机构及房地产经纪人员与委托人之间权利义务关系的法律业务文书，是房地产经纪机构与委托人之间约定权利义务的书面文件，是房地产经纪机构开展经纪活动的必备要件。房地产经纪服务合同在房地产经纪活动中有着十分重要的作用，能够有效保障合同当事人的合法权益以及维护和保证市场交易的安全与秩序。

签订房地产经纪服务合同，不仅对房地产经纪机构、房地产经纪人员，而且对委托人同样具有非常重要的意义。

一是确立了房地产经纪机构与委托人之间的委托关系。委托关系建立后，房地产经纪机构和委托人的行为就受到《合同法》《民法通则》《民法总则》《房地产经纪管理办法》等法律法规的约束。

二是明确了房地产经纪机构和委托人的权利和义务。签订房地产经纪服务合同以后，当事人应当按照合同的约定全面履行自己的义务，非依法律规定或者取得对方同意，不得擅自变更或者解除合同。如果一方当事人未取得对方当事人同意，擅自变更或者解除合同，不履行合同义务或者履行合同义务不符合约定，守约方可向法院起诉要求违约方继续履行合同、承担违约责任。

三是建立了房地产经纪机构和委托人之间解决纠纷和争议的机制。在房地产经纪活动中，房地产经纪机构和委托人由于某些认知的差异，难免产生纠纷和争议。签订了房地产经纪服务合同，使得双方可以依照合同约定处理纠纷和争议，避免产生更大的矛盾。

按委托人委托的事项或要求提供的服务，房地产经纪服务合同可以分为房屋出售经纪服务合同、房屋购买经纪服务合同。房屋出售经纪服务合同，是指房地产经纪机构和房屋权利人之间就委托出售房屋有关事宜订立的协议。房屋购买经纪服务合同，是指房地产经纪机构和房屋承购人之间就委托购买房屋有关事宜订立的协议。房地产经纪服务合同推荐文本见附录5。

1. 房地产经纪服务合同的主要内容

1）委托人基本情况

委托人是自然人的，需标明自然人的姓名、身份证件号码、通信地址等；委托人是法人的，则需标明法人的名称、营业执照号和住所，法人委托代理人来签约的，还应写明签约人的身份信息。承办业务的房地产经纪专业人员的信息包括：姓名、身份证件号码、登记号或备案号等。

2）委托事项

委托事项是指委托人委托房地产经纪机构办理的事项，如出售某套房屋、承购符合某种条件的房屋等。

房地产经纪机构应当指派具有职业资格的房地产经纪人员具体办理委托事项，并注明承办人的姓名、身份证件号码、职业资格登记或备案号码。

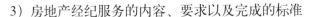

3）房地产经纪服务的内容、要求以及完成的标准

房地产经纪服务的项目通常包含三项，即提供房地产交易信息、带领客户实地看房和代拟房地产交易合同。签订书面房地产经纪服务合同可以对提供房地产交易信息、实地看房、代拟合同等房地产经纪服务的基本内容进一步细化。提供房地产交易信息服务包括提供相关的房地产市场信息及房源、客源信息，进行房地产交易政策咨询等；实地看房包括接受房源委托后的看房、制作房屋状况说明书、带领客户看房等服务；代拟合同服务，也称为代书，包括交易条件谈判、议价撮合、协助订立房地产买卖合同等。

对房地产经纪机构和房地产经纪人员来说，房地产经纪服务的基本要求包括：及时披露和告知房地产交易相关信息、维护委托人的合法权益等；对委托人来说，房地产经纪服务的基本要求包括：提供必要的资料，在实地看房和办理相关手续时给予必要协助等。房地产买卖经纪服务的完成一般房屋买卖合同的签订为标志。

4）服务费用及其支付方式

服务费用就是房地产经纪机构提供房地产经纪服务应得的服务报酬，由佣金和代办服务费两部分构成。房地产经纪服务完成并达到约定的服务标准，房地产经纪机构才可以收取服务报酬。一般情况下，房地产经纪服务的完成以房地产买卖合同签订为标志，房地产买卖合同订立后就可以收取佣金；代办服务费用的收取标准和时点由当事人自行约定。房地产经纪服务费用的支付方式可以是一次性支付或者分阶段支付。

依据《合同法》的相关规定，房地产经纪机构未完成约定服务事项的，不得要求委托人支付服务报酬，但可以依据约定要求委托人支付经纪服务过程中支出的必要费用，必要费用不得高于房地产经纪服务收费标准，具体收费额度双方协商议定。房地产买卖、租赁过程中，涉及政府规定应由委托人支付的税、费，但由房地产经纪机构代收代缴的，不包含在房地产经纪服务费中。服务过程中涉及支付给第三方的费用，如权属信息查询费、评估费等，也可在房地产经纪服务合同中约定。

5）合同当事人的权利和义务

委托人的义务一般包括提供真实材料、协助看房、配合核验产权、支付费用；权利一般包括房屋信息的知情权、获得经纪服务、获取房源或者房款；房地产经纪机构的义务一般包括及时如实报告、尽职尽责、保守秘密、风险提示等，权利一般包括拒绝违法违规行为、报酬请求权等。

6）违约责任和纠纷解决方式

房地产经纪服务合同中应明确约定，合同成立并生效后，若一方不履行合同义务或履行义务不符合合同约定时，应承担何种违约责任。房地产经纪服务合同的违约责任可以定金或者违约金的形式约定，定金或违约金的数额由双方约定，但定金数额不应超过房屋交易价款的 20%。

纠纷解决方式是指合同当事人解决合同纠纷的手段和途径，当事人应当在合同中明确约定解决合同争议或纠纷的具体途径，如通过相关部门调节、仲裁、司法诉讼等。当事人没有做出明确约定的，可通过诉讼方式解决合同纠纷。

房地产经纪服务合同内容还应当包括：(1) 履行期限。履行期限是指合同中规定的当事人履行自己的义务如交付标的物、价款或者报酬，完成工作的时间界限。在独家委托合同中，约定履行期限非常重要。交易当事人只委托一家房地产经纪机构提供经纪服务，如果不约定履行期限，房地产经纪机构就缺少紧迫感，可能导致房屋成交过慢。(2) 履行方式。履行方式是指当事人履行合同义务的具体做法。履行方式与当事人的利益密切相关，应当从便捷性、可操作性、可信度等方面充分考虑，采取最优履行方式，并且在合同中明确规定。

2. 查看相关材料

房地产经纪机构与委托人签订房地产经纪服务合同前，应当查看委托人的身份证明，查看委托人出售房屋的权属证明和房屋权利人的身份证明，洽谈服务项目、服务内容、服务完成标准、服务收费标准及支付时间等。

1）查看委托人身份证明

作为委托人，首先应具有完全民事行为能力。对于自然人，完全民事行为能力人是指 18 周岁以上可以独立进行民事活动的公民，或 16 周岁以上不满 18 周岁以自己的劳动收入为主要生活来源的公民。无民事行为能力人或者限制民事行为能力人，应由其监护人代理委托。对于法人和其他组织，应按照国家规定领取营业执照、登记证书或组织机构代码证等。

为防止某些身份不明的人员虚报房屋权属资料，甚至给房地产经纪机构和人员带来经济损失或形象损害，房地产经纪机构在与委托人签订房地产经纪服务合同前，应先查看委托人的身份证明。对于不同身份的委托人，其身份证明也是不同的，因此 在查看身份证明时，应区别对待。(1) 对于境内自然人，应查看居民身份证。(2) 对于军人，应查看居民身份证或军官证、士兵证、文职干部证、学员证等。（3）对于香港、澳门特别行政区的自然人，应查看香港、澳门特别行政区居民身份证或香港、澳门特别行政区护照、港澳居民来往内地通行证、港澳同胞回乡证等。（4）对于台湾地区自然人，应查看台湾居民来往大陆通行证或台胞证。（5）对于境内法人，应查看企业法人营业执照。（6）对于境内机关法人、事业单位法人、社团法人，应查看组织机构代码证、事业单位法人证书、社会团体法人登记证书。（7）对于境内经营性其他组织，应查看营业执照。（8）对于境内非经营性其他组织，应查看组织机构代码证。

若房屋出售、出租的委托人与房屋权利人不是同一人，除了要查看委托人的身份证明，还应查看房屋权利人的身份证明，房屋权利人出具的经公证的出售或出租房屋的委托书等。如涉及代理人签约时，应查验代理人身份信息及委托权限。

2）查验房地产权属证明

对于出售或出租委托，除了查看委托人的身份证明，还应查看出售或出租标的房屋的权属证明，并通过实地查看房屋，编制房屋状况说明书。房屋的权属证明通常为房屋所有权证或房地产权属证书，房屋共有权证或房地产共有权证，房屋他项权证或房地产他项权证等。房地产经纪人员不仅应了解各种不同的证明材料，还应具备一定的辨别能力，即对明显虚假的证明材料，能够辨认，并加以识别。

为了避免房地产产权瑕疵造成的交易风险，房地产经纪人员要根据房地产交易管理部门规定的产权核验办法，查询委托房地产的权利状况，是否具备交易条件。包括权利类型、是否设定抵押、是否被法院查封、是否为共有房屋等。

3）查看其他证明文件

对于一些特殊房屋的出售或出租委托，还要提醒委托人提供相关证明文件：

（1）共有房屋出租、出售的，要提供共有人同意出售或出租的书面证明或委托书。

（2）已抵押房屋出售的，要提前解除抵押，办理完毕抵押注销手续。

（3）如果出售委托人是国有企业或集体企业，需要取得国有资产管理部门或者职工代表大会的批准文件；如果是公司产权的房屋，需要公司董事会、股东会审议同意的书面文件。

（五）编制房屋状况说明书

房屋状况说明书是由房地产经纪人员根据实地查看房屋收集的信息编制的，说明房屋实物状况、权益状况、物业管理状况、区位状况，及房屋交易条件的文书。编制房屋状况说明书是房地产经纪业务不可或缺的环节，是房地产经纪机构应尽的义务。《房地产经纪管理办法》第二十二条规定"房地产经纪机构与委托人签订房屋出售、出租经纪服务合同，应当查看委托出售、出租的房屋及房地产权属证书，委托人的身份证明等有关资料，并应当编制房屋状况说明书"。

房屋状况说明书包含5个方面的内容：（1）房屋实物状况；（2）房屋权益状况；（3）物业管理状况；（4）房屋区位状况；（5）房屋交易信息。为了直观、简明说明房屋这5个方面的内容，可以采用表格形式，并附户型图、位置示意图、内外观照片、周围环境和景观照片等。上述房屋权益状况要根据在房地产登记部门查询的情况填写，房屋交易信息要根据实际询问的情况填写。房屋状况说明书推荐文本见附件4。

房屋状况说明书是交易房屋现状的重要参考依据，房地产经纪机构在编制房屋状况说明书时，需要注意下列事项：

1. 根据亲自查看的情况，真实描述、详细记录房屋状况和信息。对自己拿不准的事项，应进一步核实；对经自己努力后，仍然不能核实的，要在房屋状况说明书中注明。例如，学区房是购房人十分关心的事项，能否上特定的小学，往往比较容易确定，但能上哪个中学，却不是很容易确定，这些就需要房地产经纪人员在房屋状况说明书中注明。

2. 房屋权益状况、房屋交易信息，是房地产经纪人员根据房屋权利人提供的资料或说明编写的，但要到登记部门核实权益状况是否真实。

3. 房屋状况说明书应及时更新。房屋实物状况、房屋区位状况、房屋物业管理状况，在一段时间是固定的，但房屋交易条件受市场情况影响，是房屋权利人决定的，变化比较频繁，房地产经纪人员应根据实际情况及时更新房屋状况说明书。

三、带客看房阶段

带领客户看房阶段包括：发布房源信息；匹配房源、客源信息；带领或陪同客户看房；协助查验房屋使用状况、附属设施设备及产权情况 4 个环节。

（一）房源信息发布

签订房地产经纪服务合同之后，房地产交易服务进入实质性推进阶段。对房地产经纪人员来说，首先要发布房源信息，广泛传播受托出售的房源信息。

发布房源信息一定要坚持真房源的标准。真房源应当同时符合真实依法可售、真实出售委托、真实房屋状况、真实挂牌价格、真实在售状态的要求。

真实依法可售，要求房源是依据法律、法规和政策可以出售的房屋，不属于法律、法规和政策规定不得出售的情形；真实出售委托，要求房屋所有权人或者其代理人有房屋出售意愿，且房地产经纪机构与其签订了房屋出售经纪服务合同；真实房屋状况，要求所标出的用途、面积、户型、图片等房屋状况信息，应当真实、正确；真实挂牌价格，要求所标出的房屋挂牌价格，是房屋出售委托人真实要求公布的价格，且应当是当前有效的；真实在售状态，要求房屋处于实际出售中，不存在房地产经纪机构及其经纪人员已知或者应知已成交的情形，以及出售委托失效的情形。

发布的房源信息里还应当包括房地产经纪人员的实名从业信息卡上记载的信息，以及准确的联系方式。真实房源发布指引见附件。

（二）匹配房源、客源信息

房客源信息匹配先确定一端之后，通常是卖方的房源信息，再去寻找匹配交易相对方。房源客源匹配建立在对房源客源信息全面准确掌握的基础上。当然，房源客源信息匹配是一个动态调整的过程，特别对于购房人来说，不断看房的过程也是一个不断修正或者调整购房需求的过程。

（三）带领或陪同客户看房

当房地产经纪人员为某套房源寻找到合适的客户后，或者为客户找到合适的房源后，就要带领客户或陪同客户实地看房。带领客户实地看房前要先与客户约好看房时间，再与业主商量看房时间。值得注意的是，与客户约时间，约定的是具体的时间点。而与业主约定时间，约定的是时间段，但时间段不宜过长，最好不超过半小时。

为了避免业主因为判断客户很喜欢该房屋而涨价或者不降价，房地产经纪人员在带领客户实地查看前，有必要做些准备工作。一是要注重商务礼仪；

二是在看房时不宜让买卖双方直接谈价格，直接谈价格，很难达成一致，对后续谈判产生不利影响；三是带看的房屋不宜超过 3 套。若是 3 套，带看的顺序是：较好、最好、较差。若是 2 套，先看好的，再看差的。这个顺序会给客户带来心理影响，而促成其最终选择最好的一套，也就是房地产经纪人员主推的一套。实地看房，是一个很好了解客户真正需求和弄清业主出售房屋真正原因的机会。

房地产经纪人员在带看后，一定要安排回访，询问客户意向。若客户比较中意这套房屋，则提醒客户要抓紧时间，因为可能其他客户也会看上，从而失去了这套房屋。若客户表示需要进一步考虑，不能强买强卖，要表示理解，并进一步了解客户需求，再次匹配合适房源并约看。

四、促成交易阶段

促成交易阶段，又称斡旋阶段。包括协助洽谈房屋买卖价格、付款方式、税费承担等交易条件；协助查验房屋权属状况或购房人资格情况；协助签订定金合同，确定买卖意向等 3 个环节。促成交易阶段，最需要注意的是信息及时、充分披露，特别是对于单边代理的业务，作为经纪人员绝对不能隐瞒已知或者应知的信息。

（一）洽谈交易条件

洽谈交易条件需要注意三点。一是洽谈过程中时刻不能忘记身份，经纪人员的开价或者还价都是替委托人进行的，所有的交易条件都要经委托人授权或者允许；二是对于讨价还价确定的价格最好有双方确认的书面记录，以防买卖当事人反悔或者事后不认账；三是对于代理人身份的经纪人员，要维护委托人的合法权益。

（二）查验权属和资格

核验房屋权属要到不动产登记部门查询房屋权属情况，排查房屋被查封或者权属存在争议的产权风险；核验购买人的购房资格，要到房地产管理部门，确定购房人确实拥有合法的购房资格。

（三）确定买卖意向

买卖双方谈妥交易条件后，要通过定金协议或者支付定金的方式确定下来。需要注意的是，在正式签订买卖合同之前支付的定金，是担保的签约行为，如果一方反悔，定金的处理要看定金协议的约定，如果没有定金协议，要看

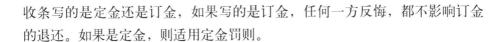

收条写的是定金还是订金，如果写的是订金，任何一方反悔，都不影响订金的退还。如果是定金，则适用定金罚则。

五、协助签约阶段

包括解读存量房屋买卖合同条款、协助签订存量房屋买卖合同、协助办理网上签约手续、结算经纪服务费用 4 个环节。

在存量房买卖经纪服务中，房地产经纪人员通过前期的服务，最后成交的关键一步或者说成交的标志则是存量房买卖合同的签订。在签订合同之前，作为房地产经纪人员必须做好合同签订前的准备工作，不仅需要自己首先搞清楚而且要向委托人解释清楚买卖合同的基本条款和主要内容，并在认真研读这些条款的基础上，根据交易双方的真实意思拟定合同的条款以及附件和补充条款。

（一）签约材料准备

在正式签订买卖合同前，经纪人员需要准备好存量房买卖合同示范文本（目前我国大部分城市的房地产管理部门要求买卖双方使用房地产管理部门或者房地产管理部门和工商管理部门联合制定的存量房买卖合同示范文本），并和买卖双方再次确认成交条件，特别是要提醒买卖双方注意签订合同的法律责任，并且提醒买卖双方准备好签约所需要的如下材料：

1．买卖双方的身份证明。如果是本人不能亲自办理有关手续的，可以委托他人代办，但需要有合法的委托手续。经纪人员要熟练掌握如何办理委托手续。

2．房地产权属证书原件，出卖的房屋属于已购公房的，需要原买入时的购房合同。

3．央产房、军产房等特殊房屋需具备上市审批表以及物业服务费、供暖费等相关费用结清证明。

4．房地产共有人同意出售的证明。

5．卖方买入房产的发票证明，以便于测算税款。

（二）逐条解读合同条款

理性签约是顺利履约的前提，因此经纪人员要在买卖合同签订前逐条解读合同条款，让缔约人充分了解彼此的权利义务和法律责任。重点提示和解读的内容包括：

1. 法律责任提示

在签订合同时，重点提示当事人各自义务和责任。一旦毁约或者不按照合同约定履行义务时需要承担的法律责任和可能产生的经济损失。

2. 定金罚则提示

根据法律规定，给付定金的一方不履行约定的义务的，无权要求返还定金；收受定金的一方不履行约定的义务的，应当双倍返还定金。

3. 补充协议提示

如果买卖另行签订补充协议或者补充条款，需要当事人双方签字，否则没有法律效力。

4. 房屋交付提示

房屋交付有两层含意：一是实物交付，即房屋交付给买方；另一是权利交付，即将所有权转移至买方名下。由于产权过户需要买卖双方共同到登记机关办理，因此在签订存量房买卖合同时，需要提示当事人约定具体的房屋交付方式（如交钥匙）和产权过户的义务，约定好过户的时间及逾期过户时违约方的责任。

5. 户口迁移提示

为防止争议，应当约定户口迁移条款，并在合同中可以约定一笔尾款以作为户口迁出的责任担保。

6. 税费承担提示

买卖双方的税费承担方式必须在合同中明确。特别是对于双方或者一方要求签订不同价款合同的，房地产经纪人员一定需要提示法律风险：即合同中的避税条款可能无效；卖方可能无法全额收到房款；买方将来再出售时需要补缴税费；以及由于规避法律的行为可能导致的其他风险。

在买卖双方签字前要再次确认双方已对合同主要条款和内容有了充分了解，没有异议，然后再指导双方签字盖章。在确定合同时特别应注意不要随意在合同中留空白处，如果空白处被人为添加内容，可能为以后纠纷留下了隐患。所以最好在空白处注明"以下空白"字样或打叉划掉。

六、协助履约阶段

协助履约阶段，是房地产经纪基本服务完成之后的延伸服务阶段，《房地产经纪管理办法》上称为"其他服务"。这类服务应当由买卖当事人自愿选择单独签约，可以收费也可以不收费，但是不宜与前面的经纪基本服务强行捆绑。协助履约阶段的服务环节包括：协助解除房屋抵押（针对出售经纪服务），代办贷款（针对购买经纪服务），协助结算、划转房屋交易资金，协助缴纳税费，代办房屋所有权转移登记，协助房屋查验和交接。

（一）房屋解押

如果出售的房屋还有抵押贷款没有还清，则房屋还在抵押状态。按照我国的法律规定，要事先还清贷款，并注销房屋抵押登记后，房屋才可以办理转移登记手续。因此，房地产经纪人员要协助出卖人筹资还清剩余的抵押贷款，再代办解除抵押登记手续。

（二）代办贷款

对于贷款购房的客户来说，经纪人员需要根据客户的情况制定合理的贷款方案，并推荐贷款银行。但是经纪人对银行是否能够批贷不宜做承诺，因为银行的行为不是经纪人员可以左右的。

（三）资金结算

交易资金分为自有资金和贷款资金，自有资金包括定金、首付款。按照规定，自有资金要实行交易资金监管，房地产经纪机构和房地产经纪人员不得代收代付交易资金，尤其不能用自己的银行账户代为收付交易资金。各地主管部门都有相应的资金监管要求，经纪人员要按照当地的资金监管要求划转结算交易资金。

（四）协助缴税

现实中，存量房买卖税费缴纳规定与买卖合同载明的缴纳约定不一致，经纪人员一定要按照合同的约定，在不违法规定的情况下，协助买卖当事人缴纳相关税费。

（五）代办登记

转移登记完成是所有权转移的标志，经纪人员要协助买卖双方办理转移登记手续。

（六）协助交房

协助校验交接房屋是这一环节非常重要，签署房屋交接单后说明房屋已经转移占有。存量房屋买卖交接单样表详见表7-2。

房屋交接单样表

表 7-2

房屋及当事人基本信息

房屋坐落			
所有权人		身份证件号码	
共有权人		身份证件号码	
购房人		身份证件号码	
经纪人员		身份证件号码	

房屋所有权人持有_____颁发的所有权证书，证书号_____

房屋所有权性质	私房 / 公有住房 / 商品房 / 经济适用住房 / 其他	房屋所占土地性质	国有划拨 / 国有出让 / 农民集体
房屋为企业所有	有限责任公司 / 股份有限公司 / 其他	公司董事会、股东大会审议同意【出售】【出租】的合法书面文件	有 / 无
此房屋属于	国有资产 / 集体资产	政府主管部门的批准文件	有 / 无
共有权人同意转让的书面证明	有 / 无	司法机关或者行政机关依法裁定，决定查封或者以其他形式限制权利的情况	有 / 无
抵押等他项权利设置情况	有 / 无	取得抵押权人等他项权利人书面同意买卖的证明	有 / 无
承租人占用房屋	有 / 无	承租人放弃优先购买权的书面声明	有 / 无

承租人放弃优先购买权，承购人购房后应继续履行租赁合同到合同期满_____年_____月_____日

标的房屋被列入拆迁公告范围内	是 / 否	其他已知可能影响出售的情况	
需要补充的其他信息			

环境信息

是否有嫌恶设施	有_____ / 无
是否有噪音	有 / 无
是否属于凶宅	是 / 否
需要补充的其他信息	

配套设施设备

供水	自来水 / 纯净水 / 热水 / 中水	供电	220V/380V
外供暖气	汽暖 / 水暖	供燃气	天然气 / 煤气

续表

自备采暖	电暖 / 燃气采暖 / 燃煤采暖	供暖周期	
太阳能集热器	有 / 无	空调	中央空调 / 自装柜机____台 / 自装挂机____台
网络	无线 / 有线（数字、模拟）	互联网接入方式	拨号 / 宽带 /ADSL
电话	外线号码：	内线号码：	
需要补充的其他信息			

房屋瑕疵及解决方案

专有部分		共有部分	
结构		结构	
装修		设备	
设备		其他	
其他			
解决方案			

交接的家具、电器清单

名称	数量	品牌 / 型号	名称	数量	品牌 / 型号	名称	数量	品牌 / 型号
双人床			餐桌			冰箱		
单人床			椅子			排油烟机		
衣柜			沙发			燃气灶		
床头柜			茶几			电话机		
柜			电视柜			热水器		
梳妆台			电视			空调		
写字台			洗衣机					
需要补充的其他信息								

交接的房屋使用配套物品

钥匙	房屋入户门 / 单元门 / 小区门 / 信箱 / 其他
IC 卡	水 / 电 / 燃气 / 其他
使用凭证和交费凭证	有线电视 / 电话 / 网络 / 水 / 供暖 / 燃气 / 物业管理 / 维修资金
有关文件和合同	供暖合同 / 物业管理合同
其他物品	

房屋的债权债务信息

续表

费用	价格	预付余额	欠费额	费用	价格	预付余额	欠费额
水费				电费			
燃气费				固定电话费			
物业服务费				供暖费			
有线电视费				互联网费			
维修资金							
需要补充的其他信息							
交割金额							
_____于_____年____月____日，向_____支付_____费用_____元。							
交接人签字							
卖方				日期			
买方				日期			
房地产经纪人员				日期			

第三节　业务操作注意事项

一、招揽房屋买卖经纪业务的注意事项

招揽业务最需要注意的是方式合法。所谓方式合法，简单说就是不打骚扰电话、不发骚扰短信、不上门推销、不违规散发小广告、不违规沿街摆牌店外经营。在业务招揽过程中，房地产经纪人员不注意招揽方式，打骚扰电话、发骚扰短信的情况很常见，因此招揽房屋买卖经纪业务的操作要点，最重要的是要使用合法合规的方式方法。

首先，房地产经纪机构和人员要注意业务招揽方式，比如房地产经纪机构和人员未经信息接收者、被访者同意或者请求，或者信息接收者、被访者明确表示拒绝的，不得向其固定电话、移动电话或者个人电子邮箱发送房源、客源信息，不得拨打其电话、上门推销房源、客源或者招揽业务；

其次，不得虚假宣传，不得夸大自己的业务能力，不得为招揽业务故意

诋毁、诽谤其他房地产经纪机构和人员信誉、声誉等；

第三，不得招揽已经提出"免中介"，及已有其他经纪机构独家代理的房地产经纪业务。但可以招揽与其他经纪机构提供不同服务的业务，例如，房地产经纪人员可以与已经同其他机构订立经纪服务合同的客户联系招揽贷款代办或者登记代办等业务；第四，房地产经纪机构和人员为了招揽房屋出售、出租经纪业务，不得用能卖（租）高价等借口误导出售人（出租人）；房地产经纪机构和人员招揽房屋承购、承租经纪业务时，不得发布虚构的低价房源信息诱骗潜在客户，不得捏造散布涨价信息或者以可为客户省钱等借口误导承购人、承租人。

业务招揽方式不当，会承担相关法律责任。比如，根据《房地产经纪管理办法》，以隐瞒、欺诈、胁迫、贿赂等不正当手段招揽业务，诱骗消费者交易或者强制交易的，由县级以上地方人民政府建设（房地产）主管部门责令限期改正，记入信用档案；对房地产经纪人员处以 1 万元罚款；对房地产经纪机构，取消网上签约资格，处以 3 万元罚款。

二、签订房地产经纪服务合同的注意事项

房地产经纪机构与委托人签订房地产经纪服务合同，应符合法律法规的相关要求，同时应尽量避免合同签订中的常见错误，预防房地产经纪业务纠纷。在签订房地产经纪服务合同时，一些常见错误需要引起房地产经纪机构和房地产经纪人员的注意。

在签订房地产经纪服务合同中常见的错误主要包括：

1. 证件信息填写有误。例如，姓名或名称、身份证号或营业执照号码、住址、房屋所有权人、共有人、房屋坐落和面积等信息不一致。为避免这类常见错误，房地产经纪人员应仔细核对委托人提供的原始资料。

2. 合同服务内容未明确界定。房地产经纪机构和委托人往往由于各自知识和经验的不同，对经纪服务内容的认知往往也不同。在合同中未明确界定服务内容或服务内容界定过于笼统，双方容易产生矛盾。

3. 合同有效期限未标明。合同的有效期限是指合同生效和废止的时间长度。在独家代理合同中要约定有效期限，否则很容易发生经纪业务交叉的情形，产生不必要的纠纷。

4. 格式合同空白处留白。格式合同中的空白处一般是需要双方协商沟通

的条款，房地产经纪人员应向委托人说明。若委托人对空白处没有意见，房地产经纪人员应将空白处划掉。

签订房地产经纪服务合同，要注意以下几点。

一是签订合同前要充分协商。房地产经纪人员要向委托人解释清楚房地产经纪服务的有关条款，对于服务事项、服务费用标准、费用支付节点、违约责任等关键内容要在签订合同前应进行充分协商，双方对各主要事项达成一致的情况下，才能签订合同。例如，对于新建商品房出售经纪服务，要重点协商销售时间、销售数额、奖惩条件，广告方案的确定权等条款；对于存量房屋出售经纪服务，除了基本服务事项外，还要协商是否承担代办服务，代办服务的完成标准及收费标准等。

二是要使用规范的合同文本。实践中，许多房地产经纪机构使用自己提供的经纪服务合同格式文本，使用这种文本很容易因合同不规范造成纠纷，这种情况下，法院首先保护经纪服务委托人的利益。为了减少房地产经纪服务合同纠纷，应积极推广和应用我国房地产管理部门和房地产经纪行业组织制订的《房地产经纪服务合同示范（推荐）文本》。经纪机构如确需使用自己制定合同文本，建议在参考示范文本的基础上进行细化或补充。

三是要明确经纪服务的方式。经纪服务的方式有居间和代理之分，经纪机构提供居间或者代理服务时承担的责任和义务不同。目前存量房屋买卖经纪服务主要是居间服务，代理行为主要存在于新建商品房销售经纪和存量房屋租赁经纪中。一些经纪机构推出的独家委托（"独家房源"）并不是代理行为，而是委托经纪机构独家出售的居间行为。在存量房屋租赁代理合同中，要载明经纪机构有代委托人出租房屋、签订租赁合同等权利。

四是要明确经纪服务合同履行与交易合同履行的关系。房地产经纪基本服务完成的标志是房地产交易合同的签订，但签订交易合同并不意味着交易能顺利完成，现实中可能存在两种情况导致交易无法进行：一是因交易一方或双方违约导致交易合同不能履行，这种情况下，经纪服务合同仍要履行，经纪机构不必退还服务费用；二是因交易双方隐瞒有关信息或经纪机构未尽到审查义务导致房屋交易合同无效，经纪机构须退还经纪服务费用。这些情况要在房地产经纪服务合同中进行约定。

五是要尽到积极调查审核的义务。在房地产经纪服务中，房地产经纪机构应当履行如实报告的义务。实践中，一些经纪机构在获得高额佣金的利益驱动下，对于有利于促成交易的信息往往主动报告，而对于不利于交易的瑕疵信息，不愿主动报告。如果房地产经纪机构未尽到积极调查、审核，如实报告的义务，即使房地产经纪服务合同未对这些义务做明确约定，一旦发生交易纠纷，房地产经纪机构也要承担相应的责任。

第八章

新建商品房买卖经纪业务

第一节 新建商品房经纪业务概述

新建商品房销售代理是指房地产经纪机构接受委托，按照商品房销售代理合同、销售委托书等约定，以房地产开发企业的名义预售或者现售新建商品房的中介服务。在新建商品房销售代理业务中，房地产经纪机构提供的服务内容主要包括：市场调研，项目分析、竞争产品分析、客户定位等项目营销策划咨询，项目宣传及推广，对商品房进行销售，协助商品房买卖合同的签订及房屋交验等。

按照逻辑关系，新建商品房销售代理业务可以分为新建商品房项目代理业务和新建商品房屋销售代理。二者有多种关系：一是先后关系，项目代理在先，商品房销售代理在项目开盘后；二是包含的关系，新建商品房项目代理包含商品房销售代理；三是整体和部分的关系，项目代理是整体，房屋销售是部分。项目代理的客户是房地产开发企业，新房销售代理的客户是普通购房者。如果二者合二为一，业务流程如图8-1所示。

项目代理进入销售代理的节点是开盘。开盘是指项目对外集中公开发售，特别是首次大卖。通过有效整合公司内外资源，对目标客户进行针对性的有效价值信息传递，实现客户积累，并根据积累情况采取适当的价格和方式对外集中销售。在楼市中，开盘是指楼盘建设中取得了"销售许可证"可以合法对外宣传预售了，为正式推向市场所进行的一次盛大活动，就像某酒店开张营业一样。项目开盘必须五证俱全，即依法取得《国有土地使用证》《建设用地规划许可证》《建设工程规划许可证》《建筑工程施工许可证》《商品房预

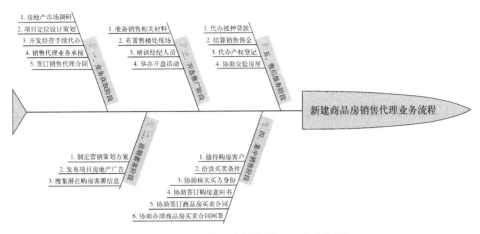

图 8-1 新建商品房销售代理业务流程图

售许可证》。

楼盘是否开盘与商品房建设进度关系不大。为了尽快回笼资金，大部分正规商品房项目在奠基之前就有可能拿到商品房建造必需的"五证"，其中的商品房预售许可证是最后一个，也是开盘必须要有的。拿到商品房预售许可证，他们已经具备开盘条件，具体开盘日期由开发商决定。开发商要想卖楼，必须在相关部门发放销售证之后才能卖。所以，开盘，肯定是拿到销售证之后的事儿。当然，这里面涉及一些常用的手段，比如发放 VIP 卡，其实就是在开盘之前小定等；也有个别基于销售策略销售节奏的考虑，推迟开盘日期的。

第二节 新建商品房项目代理

一、项目收集

（一）房地产开发项目信息搜集

1.对房地产市场进行专业的调查，目的是获取项目信息，并进行分析处理。对于有效信息，持续跟进。

项目信息内容包括：（1）房地产项目情况，包括开发建设进度、区域概况及竞品楼盘项目等；（2）房地产开发企业情况，包括品牌、实力、特点及决策机制和决策人等；（3）开发建设服务商情况，包括规划单位、设计单位、施工

131

单位、广告公司等;(4) 房地产经纪机构情况,包括咨询机构、营销策划机构、销售代理机构及介入项目的程度等;(5) 与房地产项目相关的其他情况。

2.主动出击,通过招投标等各种途径寻找新建商品房项目拟销售的信息,与项目负责人进行洽谈,向其展示自己的销售能力以及代理过的成功案例。项目信息的搜集和调查,通常产生以下两种结果:一是获得房地产开发企业的初步合作意向,进入下一个环节,准备启动市场调查等工作;二是跟进失败,分析总结原因,必要时再继续跟踪。

(二) 项目初步接洽

1.对目标项目展开有组织、有计划地正式调查,编写项目调研报告。报告内容主要包括项目所处区域的宏观和微观经济情况、房地产供需状况、客户群体特点、项目要素、开发商要素及目标等作深入系统的调查分析,对项目资源的条件进行整合及判断,并对项目的可操作性进行充分论证。

2.根据项目调研报告和相关资料,对项目进行论证。(1) 主要针对项目的背景、风险、风险防范、价格、利润、周期等进行论证;(2) 对于营销策略、营销推广策略、价格策略等进行初步论证;(3) 对于项目运作细节部分可能会出现的情况进行设想,并提出应对措施;(4) 对于项目运作资金的预算、经济收益、经济风险及措施等进行论证。

论证报告报送房地产开发企业。报告送达后,通常会有 3 种结果:一是房地产开发企业完全认可,进入项目论证阶段;二是房地产开发企业基本认可,但提出修改要求,需补充调查研究,进一步调整完善报告方案;三是房地产开发企业完全不满意,项目开拓失败,总结后归档。

二、项目立项

与房地产开发企业就项目合作事宜的相关合同条款进行洽谈、磋商,磋商成功,对草拟的合同样本进行律师审核,进入合同签署程序;磋商失败,对方的条件不能满足项目的运作,总结后归档处理。

三、项目承接

销售准备

1.与房地产开发企业签订合同。新建商品房销售代理业务比较复杂,明确合同基本事项是签订销售代理合同中的重要工作。签订合同时还应注意查看委托方基本证明材料、项目有关资料等，按照合同的签署要求，避免合同签订中的常见错误。另外，房地产经纪机构应对拟代理的商品房项目的合法性进行把关，对于不符合预售或现售条件的项目应拒绝代理销售。

2.按照工作计划对项目组成人员进行培训。

四、项目销售

（一）制定销售计划

按照项目销售时间及进度，可将房地产销售分为预热期、公开销售期、持续在售期和尾盘销售期。但是，不同时期要求完成的销售工作和销售量有所不同，特别是从项目资料准备到办理预售许可证，再到最后真正进入销售状态，工作内容和性质有所不同，必须制定销售工作计划表，按计划推进各项工作。销售工作计划表见表8-1。

销售工作计划表　　　　　　　　　　　　　　　　表8-1

内容	开始时间	8天	9天	10天	11天	12天	13天	14天	15天	…	25天
	剩余时间	18天	17天	16天	15天	14天	13天	12天	11天	…	1天
1.楼盘项目资料准备											
预售证、银行按揭											
项目简介、销售价格											
平面图、单元销售面积											
效果图、物业管理收费标准											
工程环境施工进度数											
2.销售手册											
3.装修标准											
装修标准建议											
确定样板间开始装修											
4.价目表和付款方式											
开始制定											
提交方案											
确定并开始印制											
5. 平面图											
开始制定											

续表

内容	开始时间	8天	9天	10天	11天	12天	13天	14天	15天	…	25天
	剩余时间	18天	17天	16天	15天	14天	13天	12天	11天	…	1天
提交方案											
确定并开始印制											
移交到售楼处											
6. 办理销售许可证											
7. 现场包装方案及费用预算											
提交方案											
制作资金到位											
开始制作											
完成并安装											
8. 楼书、展板、单张、效果图											
构思制作内容											
确定并印刷											
移交到售楼处											
9. 销售资料费用预算											
提交并确定方案											
资金到位											
10. 广告安排及费用预算											
提交确定方案											
资金到位											
11. 销售计划											
提交并确定方案											
资金到位											
12. 销售人员											
培训后进场											
内部认购前培训											
公开展销会前再培训											
13. 内部认购											
开始											
总结内部认购情况											
14. 公开发售											

续表

内容	开始时间	8天	9天	10天	11天	12天	13天	14天	15天	…	25天
	剩余时间	18天	17天	16天	15天	14天	13天	12天	11天	…	1天
审查公开发售前的所有内容											
首次公开发售											
公开发售的总结											

（二）准备销售资料

销售资料包括项目的审批文件、销售文件、宣传资料及房地产经纪机构代销的证明文件等。

1. 项目审批文件：包括五证、两书。其中，五证指《国有土地使用证》《建设用地规划许可证》《建设工程规划许可证》《建设工程施工许可证》《商品房销售（预售）许可证》；两书指《住宅质量保证书》《住宅使用说明书》。

2. 销售文件：价目表、销控表、客户置业计划书、购房须知、购房相关税费须知及抵押贷款须知、商品房认购协议书或意向书、商品房买卖合同、宣传资料（包括楼书、户型手册、宣传单张、宣传片等）、商品房销售委托书等。

（三）按照营销计划落实销售任务

五、项目结算

1. 房地产开发企业与房地产经纪机构根据房地产经纪服务合同的有关内容，确认商品房销售代理佣金额。房地产开发企业支付佣金后，房地产经纪机构应开具相应发票。

2. 进行佣金、代理费及垫付费用等拖欠账款的催收。

第三节 新建商品房销售

销售代理合同签订后，房地产经纪机构应根据房地产开发项目的条件，布置售楼处，准备经纪人员，开展销售工作。

一、布置销售现场

房地产项目在销售前，需要对包括售楼处、样板间、看房通道、形象墙、导示牌等销售现场进行包装，以将项目的品质、房企品牌影响力、服务体验等有形和无形的价值点成功传递给客户，达到促进客户购买决策的效果。

二、准备销售人员

（一）组建经纪团队

新建商品房销售中，一般根据项目的销售阶段、项目销售量、销售目标、宣传推广等因素决定经纪人员数量，然后根据销售情况进行动态调整。

（二）培训经纪人员

培训内容包括房地产开发企业基本情况、销售项目基本情况、销售技巧及签订买卖合同的程序等。

三、销售阶段

展开销售活动是商品房销售代理业务中的主要工作，包括电话接待、现场接待、了解客户的购买意向和需求、协商谈判、签订商品房认购协议书、协助签订商品房买卖合同等关键环节。

（一）电话接待

经纪人员按照以下步骤和规范接听电话。

1. 第 2 声铃声响起，经纪人员接电话（经纪人员接听电话必须事先安排）。

2. 微笑、准备来电登记表。

3. 左手提起电话，右手取笔，准备随时记录并保持音量与姿势，以免影响其他人员工作。微笑地说道："您好，×××项目（×××公司），请问能帮您什么忙？"。

4. 如果电话询人，则礼貌地使用"请稍等"并将电话转交。如果所询人不在，则礼貌地告知其："某某不在，您需要留言吗？我可以帮您转达。"。

5. 当客人在电话中讯问楼盘项目时，不仅要礼貌回答，而且应尽量避免使用"也许""可能""大概"之类语意不清的回答。不清楚的问题应想办法搞清楚后再给客人以清楚明确的回答"对不起，先生（女士），目前还没有这方面的资料"。

6. 当客人在电话中询问楼盘项目情况时，问题涉及价格、折扣等敏感话题时因婉转带过，并请其至现场具体了解。

7. 尽可能询问客人信息来源、意向情况及联系方式，约请客户时应明确具体时间和地点，并且告诉他，你将专程等候。

8. 通话完毕时，要礼貌道别，如"再见"，"谢谢您"，"欢迎您到 ×××项目"等，并待对方挂断后轻轻放下话筒。

9. 负责接听电话人员填写"来电登记表"，如实填写以反映真实的来电情况。

（二）现场接待

现场接待是展示项目特点最直观的方式，也是获取购房客户最有效的途径。现场接待的流程一般为：

1. 问候客户，自我介绍。

2. 了解是否有其他业务人员接待过，是否来过电话、谁接的，如果是老客户或回访客户，应由接待过的经纪人员接待。

3. 向客户介绍项目情况，讲解区域、沙盘、模型、观看项目影像等，向购房客户介绍项目的基本情况，解答客户问题。

4. 带领客户参观样板间和小区景观，解答客户的问题。

5. 洽谈区详细了解客户购房需求，并填写来访来客接待表（表8-2）。

6. 如客户有意向，建议现场支付定金。

7. 递送项目资料，送客户出门，视情况约定下次来访时间。

8. 整理客户资料，进行客户分类，填写来访客户分析表（表8-3），分析是否为有效客户。

现场接待时除了注重仪容仪表，态度亲和，服务周到外，房地产经纪人员还应仔细倾听，及时捕捉购房客户需求，有针对性地介绍产品，并对项目及周边竞品情况非常熟悉，在回答购房客户问题时做到对答如流，展现专业形象。

房地产经纪人员接待客户中常犯的错误有：对客户有成见，不认真做介绍；有优越感，不仔细聆听客户谈话；过于功利，一味要求客户购买；对项目了解不够，不够专业；对周边竞品进行贬低；为了促成成交，超范围承诺或提供虚假信息。

作为案场经理，要根据每天的来访客户统计表（表8-4），及时总结存在问题，适时调整策略。

来访客户接待表

表8-2

日期：　　　　年　　月　　日　　　　　　　　　　　　　　　　　　　编号：

来访姓名		性别	□男　□女	年龄	
联系地址				邮编	
工作单位				联系电话	
本次访问	□初次　□预约　□再次访问				
访问的目的	□索取资料　□看展示单位　□进一步洽谈　□签约及交款　□售后事宜				
为您推荐最适合的物业					
客户需要的房型	□一室一厅　□二室二厅　□三室二厅　□四室二厅				
客户需要的面积	□30～50m²　□50～80m²　□80～120m² □120～160m²　□160～220m²				
选择的楼层	□1层　□2～3层　□3～5层　□6～9层　□高层				
客户的家庭人数	□1人　□2人　□3人　□4人　□5人以上				
客户希望的付款方式	□一次性付款　□分期付款　□公积金、按揭组合贷款				
客户是通过何种途径获取本楼盘信息的	□报纸广告　□路牌广告　□电视、电台广告 □朋友介绍　□随意经过　□其他				
客户的意见					
备注					

来访客户分析表

表8-3

销售人员	接待客户数量		需求数量				购房考虑因素									对项目不满意的原因			
	新	旧	A	B	C	D	价格	朝向	景观	配套	交通	物管	教育	楼距	其他	地段不好	交通不好	配套不好	…

来访客户统计表　　　　　　　　　　　　　表8-4

项次	来访客户	访问时间				访问目的						结果			备注
		到达		离开		交款	签约	询问	看房	砍价	其他	决定	未定	失败	
		时	分	时	分										
1															
2															
3															
4															
5															
6															
7															
8															
9															
10															
11															
12															
13															
14															
15															
总结															
工作建议															

（三）协商谈判

购房客户在对项目达成初步购买意向后，房地产经纪人员应根据客户需求推荐房屋，确定意向房号，计算不同意向房号的房屋总价，并考虑客户的购买力，制定不同的置业计划，计算出不同贷款方式和不同还款方式下的还款额。

（四）签订认购协议书

买方确定购买意向后，很多开发企业采取签订认购协议书或者意向书的方式锁定客户。有的认购协议书或者意向书仅仅约定买方有购买房屋的意向，但对所购房屋的情况如商品房的基本情况、面积、价格、房号等均没有具体约定，只是约定了购买的意向；或者约定将来拟购买该商品房项目，具体条款另行拟订。认购协议书或者意向书并不能替代正式的商品房买卖合同。根据认购协议书或者意向书的内容，法律上可以认定其为预约合同（即约定将来签订合同的协议）。如果认购协议书或者意向书内容完全符合商品房买卖合同的特征和要求，即已经具备了商品房买卖合同的主要内容或条款，即具备《商品房销售管理办法》（中华人民共和国建设部令第88号）第十六条规定的主要条款，并且卖方已经按照约定收受购房款了，则在法律上视其为商品房买卖合同。

按照最高人民法院的司法解释，出卖人通过认购、订购、预订等方式向买受人收受定金作为订立商品房买卖合同担保的，如果因当事人一方原因未能订立商品房买卖合同，应当按照法律关于定金的规定处理；因不可归责于当事人双方的事由，导致商品房买卖合同未能订立的，出卖人应当将定金返还买受人。

购房客户确定房号后，房地产经纪人员即可与其签订商品房认购协议书。签订前，房地产经纪人员要做到以下事项：（1）确认购房客户购买资质（限购背景下）、贷款资格；（2）核实购房人有效身份证件，如委托他人买房，购房客户应出示公证委托书；（3）提醒购房客户查看购房须知、注意购房风险；（4）向购房客户解释商品房认购协议书条款内容，尤其是"定金"与"订金"的区别；签订认购协议书后是否可更名；是否可换房；认购协议书约定办理商品房买卖合同签署的时间及所需文件，以及抵押贷款等购房手续等。

在客户认同协议书内容并缴纳认购定金后，即可签订《商品房认购协议书》。协议书签订后，房地产经纪人员应在销控表上注明某套房屋已出售。现场销控表见表8-5，保留房源控制表见8-6。

现场销控表   表 8-5

单元	A	B	C	D	E
建筑面积					
景观					
楼层 / 户型					
XX 楼					
XX 楼					
XX 楼					
XX 楼					
XX 楼					

保留楼盘控制表   表 8-6

序号	楼号	客户姓名	经纪人员	预定时间	保留截止时间	备注

  房地产经纪人员在签订认购协议书时易犯的错误有：房号销售前，未仔细核对房号，造成错卖房号；计算房价及房贷时，不够认真细致；限购情况下，未查明购房人购房、贷款资格等。

  另外，值得说明的是，认购协议书的签订并不是商品房销售代理业务中必需的流程。

  （五）签订买卖合同

  在认购协议书约定时间内，房地产开发企业应与购房人签订商品房买卖合同。签订前，房地产经纪人员应协助做好以下事项：（1）在商品房认购协议规定时间内预约客户办理《商品房买卖合同》签订手续，并提醒客户应携带的材料；（2）查验客户《商品房认购协议》及定金收据，审核客户身份证、户口本、婚姻证明以及其他相关资料；（3）带领客户缴纳购房款。一次性付款则缴纳全款，抵押贷款则缴纳首付款；（4）在具备网上签订合同条件的城市，通过网签系统填写商品房买卖合同有关内容，并正式打印合同，不具备网上签订条件的地区，则事先准备好商品房买卖合同；(5)就购房事项向购房人进行说明，包括解释《商品房买卖合同》有关条款，应纳税费明细等。

1. 以开发商名义签约

作为房地产开发企业代理方的房地产经纪机构需要特别注意，如果经纪机构和开发企业订有委托销售的合同，如合同约定可由经纪机构代表开发企业签订合同，则经纪人员直接可以代表开发企业，以开发企业的名义和买方签订买卖合同。但须注意商品房买卖合同的签章是开发企业的公章，还需要有该房地产开发企业法定代表人的签字（章），因为项目的所有权人是房地产开发企业。

2. 使用示范文本签约

为保障将来交易过户的顺利进行，房地产经纪人员应首先推荐使用有关部门制订的商品房买卖合同示范文本。2014年4月住房和城乡建设部、国家工商行政管理总局发布《关于印发〈商品房买卖合同示范文本〉的通知》（建房〔2014〕53号），要求积极提倡和引导商品房交易当事人使用该合同示范文本。该示范文本包括《商品房买卖合同（预售）示范文本》(GF-2014-0171)、《商品房买卖合同（现售）示范文本》(GF-2014-0172)。

房地产经纪人员应该根据示范合同文本，根据有关商品房买卖的法律规定，解释合同条款的含义，指导当事人正确填写空白条款。房地产经纪人员需要对买方说明：买方有权要求出售方出示该项目的商品房预售许可证，并按时交付质量合格的房屋。对于买卖双方来说，合同主要的义务在于按时交付房款和按照合同约定交付房屋。另外，买卖双方均有义务配合办理过户登记手续。

3. 商品房买卖合同登记备案

房地产经纪人员在协助当事人办理好网签手续后，应督促并帮助当事人办理商品房买卖合同的登记备案。

1）督促并协助买方办理商品房买卖合同网上备案

在网上签约的同时，有些城市规定需要办理商品房买卖合同的网上备案。经纪人员应明确告知买方是否需要同时办理网上备案，或者办理网上备案的具体时间，建议网签与合同备案同时办理。

2）协助签订纸质合同

在网上签订合同之后，要及时地协助当事人下载纸质合同，并填写需要

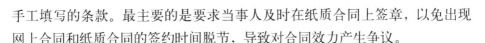

手工填写的条款。最主要的是要求当事人及时在纸质合同上签章，以免出现网上合同和纸质合同的签约时间脱节，导致对合同效力产生争议。

3）督促并协助买方办理纸质合同的登记备案

网上备案或下载并填写纸质合同后，督促买方及时办理纸质合同的备案。一般示范合同中均有关于商品房预售合同登记备案的条款，如2014年住房和城乡建设部和工商总局的新版合同规定：出卖人应当自本合同签订之日起【30日内】【　日内】（不超过30日）办理商品房预售合同登记备案手续，并将本合同登记备案情况告知买受人。

商品房买卖合同备案需要双方当事人共同办理，如果是经纪机构代办，应事先要求开发企业准备好有关的材料，并与买方约定具体的办理时间。

4）推荐办理商品房预告登记

一些城市将预告登记和备案登记合二为一，在合同中约定当事人办理预告登记手续。也有一些城市仅要求办理合同登记备案，是否办理预告登记由双方当事人自行约定。为保证买方的权利，经纪人员可以解释并推荐办理预告登记。有些地方规定：一方不配合办理，另一方可以单独办理。如上海市的示范合同规定："双方商定本合同生效之日起 ____ 日内由甲乙双方共同向房地产登记机构办理预告登记。其中一方逾期不配合办理预告登记的，另一方有权单方办理预告登记。"

4. 商品房买卖合同的核对与保管

商品房销售中，可能有预订、意向销售的情况，或为办理贷款、过户，当事人可能签有多份协议，房地产经纪人员一定要注意协议间内容的一致性，并应该约定：如各协议或文本有内容不一致的，以最终作为正式买卖合同的文本为准。特别是注意网签上传的合同和纸质合同的一致性。为防止将来产生合同争议，作为专门代拟合同的房地产经纪人员需要保管一份核对无误的纸质合同存档备查。

（六）房屋交验阶段

房屋交验是商品房销售代理的最后环节。房地产经纪人员根据《商品房买卖合同》《住宅质量保证书》《住宅使用说明书》《建设工程竣工验收备案证明》等文件，协助房地产开发企业、买方对房屋面积、设施设备、装饰装修、建筑质量等状况进行验收，并办理签收手续。

四、预售风险防范

商品房预售由于是销售尚未建成的房屋，因此客观上存在一定的法律风险。房地产经纪人员应提示合同可能存在的主要风险，做好以下风险防范工作：

（一）土地与开发情况说明

主要是查实预售项目的土地性质、规划用途、来源、使用年限、是否设有抵押等情况以及开发项目的其他具体情况。

（二）房屋图纸与结构的确认

房屋相关的图纸一般作为合同附件。为防止以后发生争议，经纪人员应告知买方图纸应经双方认可并签章，特别是需要开发企业的签章认可。也要提示注意作为合同重要内容的房屋结构与图纸的一致性。

（三）宣传资料与广告明示内容写入合同

商品房销售广告和宣传资料所明示的事项应当写入合同。根据有关规定，出卖人就商品房开发规划范围内的房屋及相关设施所作的说明和允诺具体确定，并对商品房买卖合同的订立以及房屋价格的确定有重大影响的，这部分内容即使未写入商品房买卖合同，也视为合同内容，违反承诺需要承担违约责任。

（四）面积误差条款的约定

作为预售房，在签订预售合同的时候，其销售的面积是预测的。最后结算的面积是以房地产权属证书所记载的面积为准，而房地产权属证书所记载的面积为实测面积。因此，合同面积与房地产权属证书面积之间可能存在一定的误差。经纪人员应提醒当事人在合同中约定交付面积与实测面积发生误差时的处理方式，或在合同中直接约定误差解决方式适用有关部门的规定，如适用《商品房销售管理办法》（中华人民共和国建设部令第 88 号）的规定。合同中也需要约定套内面积和建筑面积、分摊的公用面积等误差处理方式，公用面积分摊方式应有明确约定。

（五）合同备案的约定

在政府制定的示范文本中一般都规定了"自合同签订（ ）日内办理备案手续"的条款，如果使用非示范合同文本，则房地产经纪人员需要提示当事人就备案进行约定，特别是要约定备案是否是合同有效的条件，即合同是否备案后才生效。

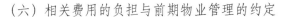

（六）相关费用的负担与前期物业管理的约定

就购买的商品房的价格，需要在合同中说明是否包含其他费用，如煤气管道、水、电增容、网络光纤、有线电视、装饰装修及设施设备费用等。由于很多城市的示范合同文本将前期物业管理有关条款作为合同的组成部分（附件），如此则在签订合同时必须就前期物业管理和物业管理规约进行选择或者约定。

（七）交付和保修及风险责任的约定

经纪人员需要提示当事人将交付期限约定清楚。对于合理顺延期也要约定，合理顺延的理由一定要在合同中写明。如约定除不可抗力以外，哪些理由可以延缓交付。一定要注明买方接管房屋时应按合同要求验收。此外国家关于逾期办理房地产权属证书有责任规定，因此要约定双方办证的条件和程序，明确双方的逾期责任，并且约定交付时提供两书。

风险责任一般约定是房屋交付后转移，但是需要就房屋交付的程序进行约定，特别是约定一方不配合交付的情况下如何处理及责任认定的原则。如开发企业按时交付，买方不及时收房，则可以约定开发企业不承担违约责任。

（八）定金罚则的提示

在签订定金条款时，房地产经纪人员需要告知当事人定金的性质和定金罚则的内容，并准备好相关的单据供当事人填写。

（九）合同附件和补充条款的说明

房地产经纪人员最好在签订合同时就附件的性质和作用提醒当事人，如附件是否作为合同的组成部分，并提醒买方附件签章后生效等。

所有的补充条款需要双方当事人同意并签章。经纪人员在签约时应提示当事人如有图纸等粘贴的，均需要双方签字并且盖骑缝章。

从开发企业和作为代理销售的房地产经纪人员角度看，在签署合同前，对于合同主要条款、内容和附件、补充条款的作用以及签字生效的方式都应事先解释清楚，并且提示买方注意在签订合同前应将所有合同的内容看清楚，并理解无误后再签字。为避免纠纷，房地产经纪人员应该提醒双方在合同中约定：所有的附件和补充条款均应签字盖章后生效。

房地产经纪人员在代理销售已经通过竣工验收的商品房时，应当做好以下工作：

1．确认开发企业是否已将建成的商品房出租

作为已经竣工验收的房屋，开发企业可能存在出租后转销售的情况。如

果买方就是承租人当然不存在问题。但如果买方不是原来的租户，房地产纪人员一定要落实原承租人是否已经放弃了优先购买权（要书面证明）。如果原租约未到期，买方还需让原承租人住到租期届满，并且还要提示双方约定租金及押金的收益归属。

2．定金罚则的说明

在签订定金条款或者定金合同时，经纪人员应说明定金合同（或者定金条款）是定金交实际付完后才生效，且适用定金罚则以实际交付的数额为准。

3．广告合同责任的约定

通常在开发企业的宣传资料和广告中有很多关于项目的描述，其中哪些是需要排除的，最好在合同中阐明，以免成为纠纷的缘由。根据规定，商品房销售广告和宣传资料所明示的事项，当事人应当在商品房买卖合同中约定。

4．面积条款的确定

现售的房屋因为是已经通过竣工验收，所以面积误差存在的可能性较少，所以房地产经纪人员应提示当事人在合同中写清销售面积是否是实测面积。

5．交付两书的提示

由于是现房销售，所以经纪人员应当提醒约定交付两书，提示注意保修责任。

6．配套设施设备的交付约定

合同中应约定配套设施设备交付的时间、交付的状态、交验的具体程序和责任承担。

7．产权过户的提示

合同中须说明现房是否具备办理房地产权属证书的条件。如果尚不能办理，需要特别声明。经纪人员应提醒买方注意办理房地产权属证书的时间和责任。

8．相关费用的承担说明

合同中需要约定销售价格包含的内容，价格之外的任何其他收费需要明确说明，税费的分担也需要写明。

9．物业管理的说明

房地产经纪人员在签约时应提醒当事人合同中需要写明是否为前期物业管理。

10．图纸交付与合同附件的约定

合同中需要写明图纸是否作为合同附件，或者是单独交付有关图纸。有关房屋的补充协议或者其他附件是否是合同的组成部分。经纪人员需要提醒当事人合同和图纸均需要双方签章，以避免纠纷。

11．交付验收的提示

合同中需要约定交付的时间、地点、验收的标准和程序，装饰装修情况、设备的交付和验收以及迟延交付的责任。

12．风险责任的约定

房地产经纪人员需要提醒当事人在合同中明确约定房屋的风险责任转移时间、标准。业内通常以房屋交付为标准，但需要提示当事人注意：如因某一方的责任导致的交付迟延所产生的责任如何承担。

13．补充条款的签章

房地产经纪人员需要特别提示当事人：所有的附件、补充条款和图纸均要签章，以免日后发生争议。

第九章

房地产经纪规范与管理

　　房地产经纪行业的有效运行，离不开强有力的行业管理。如果把房地产经纪机构和房地产经纪人员的业务活动当作市场竞赛，那么房地产经纪行业管理部门和行业协会就是维持比赛秩序的裁判员。准确来说，房地产经纪行业管理是人民政府房地产经纪管理部门、房地产经纪行业组织对房地产经纪机构和房地产经纪人员、房地产经纪活动和房地产经纪行为实施的监督管理。房地产经纪行业管理的目的在于通过规范房地产经纪行为，协调房地产经纪活动相关当事人（如房地产经纪机构、房地产经纪人员、房地产经纪服务对象）的关系，保护相关当事人的合法权益，维护房地产市场秩序，促进房地产经纪行业持续健康发展。

　　房地产经纪行业管理，是房地产经纪行业正常运行的保障，是发挥房地产经纪积极作用的基础。因此，实施房地产经纪行业的监督管理，有助于加快房地产流通，增加房地产有效供给，提高房地产的配置效率和利用效率，促进房地产市场的健康发展，提高人民的居住质量和水平。其次，房地产经纪行业管理作为一种行政管理，可以协调行业内部各类主体之间以及行业与社会其他主体之间的关系，促进行业整体高效运转和持续发展，维护房地产经纪从业者的合法权益和行业的整体利益。从发达国家和地区的实际情况来看，房地产经纪行业管理较好的地方，社会公众对房地产经纪服务的满意度较高，从业人员的职业形象较好、社会地位较高，整个行业发展比较快。反之，房地产经纪行业管理滞后的地方，社会公众对房地产经纪服务的满意度差，从业人员的职业形象不佳、社会地位很低，行业发展速度慢。房地产经纪行业管理属于公共管理，社会公共管理和政府行政管理的重要组成部分。对房

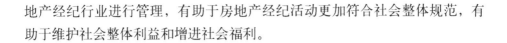

地产经纪行业进行管理，有助于房地产经纪活动更加符合社会整体规范，有助于维护社会整体利益和增进社会福利。

第一节　房地产经纪管理制度

一、房地产经纪管理法律法规体系

与房地产经纪相关的法律、法规、规章以及政策文件有很多。按照侧重内容不同和适用范围的差异，大致可以分为三类：

一是房地产经纪法规，主要约束房地产经纪机构、房地产经纪从业人员的行为，调整房地产经纪业内关系的法规，主要包括《房地产经纪管理办法》《房地产经纪专业人员职业资格制度暂行规定》《房地产经纪专业人员职业资格考试实施办法》《房地产经纪专业人员职业资格证书登记服务办法》《房地产经纪专业人员继续教育办法》等；

二是房地产交易法规，主要约束房地产买卖或者租赁当事人行为，调整房地产交易关系的法规，主要包括《城市房地产管理法》《城市商品房预售管理办法》《商品房现售管理办法》《商品房屋租赁管理办法》等；

三是房地产交易活动当事人都要遵守的法规，具有普适性的法规，主要包括《合同法》《物权法》《担保法》等；

这三类法律法规共同发挥作用，一起保障房地产经纪活动和房地产交易活动的正常进行。保障房地产经纪行业正常运行的法律法规示意图见图9-1。

图9-1　保障房地产经纪行业正常运行的法律法规

二、房地产经纪管理标准规范体系

房地产经纪管理标准规范体系主要包括《房地产经纪术语标准》《房地产经纪执业规则》《房地产经纪服务流程和服务标准》《真房源标准及发布规范》和《房地产经纪机构经营场所公示规范》等，以及一系列示范文本或者推荐文本，如《房屋状况说明书推荐文本》，包括《房屋状况说明书（房屋租赁）》和《房屋状况说明书（房屋买卖）》；《房地产经纪服务合同推荐文本》，包括《房地产经纪服务合同（房屋出售）》《房地产经纪服务合同（房屋购买）》《房地产经纪服务合同（房屋出租）》《房地产经纪服务合同（房屋承租）》；《房地产经纪服务事项告知书示范文本》，目前房地产经纪行业还没有国家标准，以上标准和规范是行业组织制定的。另外还有《商品房买卖合同示范文本》（包括预售和现售）、《房屋租赁合同示范文本》等和合同示范文本，通常是房地产行政主管部门联合市场监管部门制定的。

目前房地产经纪管理标准规范体系还不健全，缺少《房地产经纪术语标准》、《房地产经纪服务流程和服务标准》《真房源标准及发布规范》和《房地产经纪服务事项告知书示范文本》等。

三、房地产经纪行业监管体系

房地产经纪行业监管体系主要由房地产经纪管理部门、房地产经纪管理制度政策和房地产经纪管理方式构成。房地产经纪行业监管体系见图 9-2。房地产经纪管理部门主要在本章第二节和第三节介绍。

第二节　房地产经纪行政监管

目前房地产经纪行业存在的监管问题，主要是行业准入制度未能有效建立。房地产经纪机构和房地产经纪人员不需要任何资格资质，这是行业混乱的根本原因，也是中国房地产经纪行业管理与国际通行的管理做法最大的不同之处。

一、房地产经纪行政监管部门

房地产经纪行业行政监管，涉及多个政府部门，其中比较重要的有住房

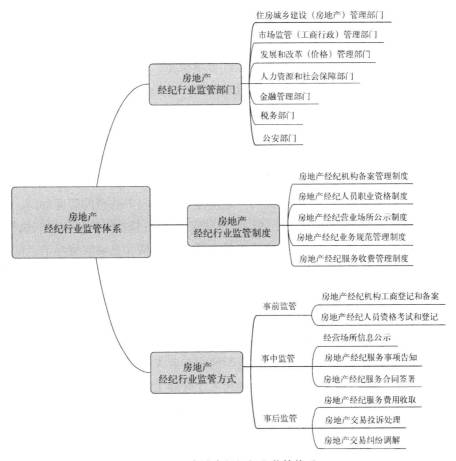

图 9-2 房地产经纪行业监管体系

城乡建设（房地产）管理部门、工商行政管理部门、价格（发展改革）管理部门、人力资源和社会保障部门、金融管理部门、税务部门和公安部门等。各部门按照职责分工开展房地产经纪活动的监督和管理，各部门分工以国务院确定的各部门的"三定方案"为依据，在房地产经纪行业监管职责上的分工不同。

住房和城乡建设（房地产）部门是房地产经纪行业的主管部门。住房和城乡建设部门主要承担规范房地产市场秩序、监督管理房地产市场的责任。会同或配合有关部门组织拟订房地产市场监管政策并监督执行，指导城镇土地使用权有偿转让和开发利用工作，提出房地产业的行业发展规划和产业政策，制定房地产开发、房屋权属管理、房屋租赁、房屋面积管理、房地产估价与经纪管理、物业管理、房屋征收拆迁的规章制度并监督执行。据此，建设（房地产）管理部门承担规范房地产市场秩序、监督管理房地产市场的重要职能。负责对房地产经纪行业的日常监管，对房地产经纪机构和人员的执业行为进行监督管理，制定行业管理相应制度并监督执行。近年来，住房和城乡建设部对房地产经纪行业管理不断加强，建立了以房地产经纪人员职业资格登记、房地产经纪机构备案、房地产交易合同网上签约、房地产交易资金监管为主要内容的综合行政管理体系。

发展和改革委员会（物价部门）是房地产经纪服务收费的管理部门。发展和改革部门主要负责拟订并组织实施价格政策，监督检查价格政策的执行；负责组织制定和调整少数由国家管理的重要商品价格和重要收费标准，依法查处价格违法行为和价格垄断行为等。据此，价格主管部门承担拟定并组织实施价格政策，监督价格政策执行的重要职能。负责制定房地产经纪相关的价格政策，监督检查价格政策的执行，对房地产经纪机构和人员的价格行为进行监督管理，依法查处价格违法行为和价格垄断行为。

人力资源和社会保障部门是房地产经纪专业人员职业资格考试的管理部门。人力资源和社会保障部门负责参与人才管理工作，制定专业技术人员管理和继续教育政策，统筹拟订劳动、人事争议调解仲裁制度和劳动关系政策，完善劳动关系协调机制，组织实施劳动监察，协调劳动者维权工作，依法查处重大案件。据此，人力资源和社会保障主管部门承担完善职业资格制度，拟订专业技术人员管理和继续教育政策、社会保障体系建设等职能。2001 年，根据国际惯例，人事部、建设部联合建立了房地产经纪人员职业资格制度。2002 年以来，每年举办一次全国房地产经纪人考试。2017 年房地产经纪专业人员职业资格考试开始试点一年两考。人力资源和社会保障部门还承担房地产经纪机构和从业人员劳动合同、社会保障关系的监督管理。

市场监督管理（工商行政管理）部门是房地产经纪机构工商登记和服务合同的管理部门，2017 年之前称为国家工商行政管理总局，是工商企业的综合监管部门，负责房地产经纪机构的登记注册并监督管理，承担依法查处取缔无照经营的责任。依法查处房地产经纪行业的不正当竞争、商业贿赂等经济违法行为。负责依法监督管理经纪人、经纪机构及经纪活动。依法实施合同行政监督管理，负责依法查处合同欺诈等违法行为。负责房地产广告活动的监督管理工作。

近年来，各部门之间在协同管理、联动管理方面积极探索。住房和城乡建设部、人力资源和社会保障部、国家发展改革委联合印发的《房地产经纪管理办法》第二十九条规定："建设（房地产）主管部门、价格主管部门、人力资源和社会保障主管部门应当建立房地产经纪机构和房地产经纪人员信息共享制度。建设（房地产）主管部门应当定期将备案的房地产经纪机构情况通报同级价格主管部门、人力资源和社会保障主管部门。"

二、房地产经纪行政监管方式和内容

（一）我国房地产经纪行业监管方式

目前我国房地产经纪行业监管的方式根据不同的标准有不同的划分，比如按照监管的性质，可以分为行政许可式监管和非许可式监管；按照监管内容可以分为信息公示、执法检查、投诉处理；按照监管形式可以分为主动式检查和被动式投诉调处。从主动作为的角度，房地产经纪行业监管方式主要有现场巡查、合同抽查、投诉受理等。

现场巡查是对房地产经纪机构的经营场所和日常经营活动进行的日常监督检查，是对房地产经纪活动进行全面监督管理最常用的方式。检查的重点主要是房地产经纪机构日常经营活动的规范性。通过现场巡查既能真实、全面地了解房地产经纪机构和房地产经纪人员的日常经营活动，又能了解一定区域内房地产经纪门店的布局情况。

合同抽查是抽查房地产经纪机构和房地产经纪人员从事房地产经纪活动所签订的各类合同，是对房地产经纪实体行为进行检查最重要的方式。抽查的合同包括房地产经纪服务合同、代办服务合同、房屋租赁合同、存量房买卖合同、新建商品房销售合同等，查看内容包括主合同条款、房地产经纪专业人员的签名、合同附件、合同对应发票存根、专用账户银行对账单及限购等政策要求所附资料。合同检查要与网上机构备案信息、业务记录、从业人员信息卡和专业人员职业资格进行比对。具体检查方式有：

1. 专项检查。针对信访投诉、舆情监测、网上签约记录或租赁合同备案记录等信息来源所涉及合同，按对应合同编号要求经纪机构提供。

2. 随机抽查。在合同档案存放地，随机抽取 5 年内各类合同若干份。根据合同性质确定不同的检查重点,租赁合同检查还要将《房地产经纪管理办法》

与《商品房租赁管理办法》及各地有关房屋租赁的规范性文件结合起来，作为执法检查的依据。检查点包括：经纪机构的备案资格、新建商品房代理资格、房源信息发布资格、合同网上签约资格、经纪服务收费及资金划转方式、签订合同的经纪专业人员资格、合同标的物是否符合出租（卖）条件及使用要求、存量房买卖网签合同与实际书面合同价款是否一致、是否按照规定的收费标准收取佣金、主合同条款及附件有无不合理及不公正要求、限购等调控政策所要求的资料是否真实、齐备。

投诉受理是主管部门发现房地产经纪违规行为的有效途径，也是房地产交易当事人解决房地产经纪活动引发纠纷的常见方式。地方各级建设（房地产）主管部门、价格主管部门通常设置一些投诉通道，制定投诉受理程序，有的还会建立统一的投诉受理平台，保持畅通的投诉渠道，及时受理投诉并妥善解决投诉所反映的问题。

（二）我国房地产经纪行业监管内容

以房地产经纪活动的开展为参照，按照先后顺序，房地产经纪行业行政监管可分为事前监管、事中监管和事后监管。事前监管主要包括人员职业资格管理和机构登记备案管理；事中监管主要是经纪服务行为和信用档案管理监管；事后监管主要是纠纷的调处和管理。在简政放权、减少行政审批事项的背景下，事中、事后监管是政府部门监管的重点。

1．事前管理

事前管理是房地产经纪活动发生之前的管理，主要包括房地产经纪专业人员职业资格制度和房地产经纪机构的登记备案制度。房地产经纪专业人员职业资格制度包括考试制度、登记制度、继续教育制度等；房地产经纪机构备案制度包括备案申请，备案信息公示和备案年检等。

1）房地产经纪人员职业资格考试和登记管理

2001 年 12 月 18 日，人事部、建设部联合颁发了《房地产经纪人员职业资格制度暂行规定》（人发〔2001〕128 号），决定对房地产经纪人员实行职业资格制度，纳入全国专业技术人员职业资格制度统一规划。职业资格制度规定：凡从事房地产经纪活动的人员，必须取得房地产经纪人员（包括房地产经纪人和房地产经纪人协理）相应职业资格证书并经注册生效。2004 年 12 月 10 日，建设部印发《建设部关于改变房地产经纪人执业资格注册管理方式有关问题的通知》（建办住房〔2004〕43 号），落实注册制度。2011 年的《房地产经纪管理办法》巩固了房地产经纪人员职业资格制度，规定"国家对房地产经纪人员实行职业资格制度，纳入全国专业技术人员职业资格制度统一规划和管理。房地产经纪人实行全国统一大纲、统一命题、统一组织的考试制度，由国务院住房和城乡建设主管部门、人力资源和社会保障主管部门共同组织实施，原则上每年举行一次。房地产经纪人协理实行全国统一大纲，由各省、自治区、直辖市人民政府建设（房地产）主管部门、人力资源和社会保障主管部门命题并组织考试的制度，每年的考试次数根据行业发展需要确定。"

2015 年，根据《人力资源社会保障部住房城乡建设部关于印发〈房地产经纪专业人员职业资格制度暂行规定〉和〈房地产经纪专业人员职业资格考试实施办法〉的通知》（人社部发〔2015〕47 号）的规定，房地产经纪人员职业资格明确为水平评价类，人力资源社会保障部、住房城乡建设部共同负责房地产经纪专业人员职业资格制度的政策制定，并按职责分工对房地产经纪专业人员职业资格制度的实施进行指导、监督和检查。中国房地产估价师与房地产经纪人学会具体承担房地产经纪专业人员职业资格的评价与管理工作。中国房地产估价师与房地产经纪人学会负责房地产经纪专业人员职业资格评价的管理和实施工作，组织成立考试专家委员会，研究拟定考试科目、考试大纲、考试试题和考试合格标准。人力资源社会保障部、住房城乡建设部指导中国房地产估价师与房地产经纪人学会确定房地产经纪人协理、房地产经纪人职业资格考试科目、考试大纲、考试试题和考试合格标准，并对其实施房地产经纪人协理、房地产经纪人职业资格考试工作进行监督、检查。

获准在中华人民共和国境内就业的外籍人员及港、澳、台地区的专业人员，符合《房地产经纪人员职业资格制度暂行规定》要求的，也可报名参加房地产经纪人和房地产经纪人协理资格考试。根据《关于做好香港、澳门居民参加内地统一举行的专业技术人员资格考试有关问题的通知》（国人部发〔2005〕9 号），凡符合房地产经纪人资格考试规定的香港、澳门居民，均可按照规定的程序和要求，报名参加房地产经纪人资格考试。香港、澳门居民申请参加房地产经纪人资格考试，在报名时应向当地考试报名机构提交本人身份证明、国务院教育行政部门认可的相应专业学历或学位证书，以及从事房地产经纪业务工作年限的证明。根据《关于向台湾居民开放部分专业技术人员资格考试有关问题的通知》（国人部发〔2007〕78 号），凡符合房地产经纪人资格考试报名条件的台湾地区居民，均可按照就近和自愿原则，在大陆的任何省、自治区、直辖市房地产经纪人资格考试考务管理机构指定的地点报名并参加考试。在报名时，台湾居民应向当地考试报名机构提交《台湾居民来往大陆通行证》、国务院教育行政部门认可的相应专业学历或学位证书和本人从事房地产经纪业务工作年限的证明。

2）房地产经纪机构的登记和备案管理

机构的登记备案制度包括房地产经纪机构的工商登记和行业主管部门的备案。

从事房地产经纪业务，应当成立专门的房地产经纪机构。房地产经纪机构的设立，首先应当符合《公司法》《合伙企业法》等法律对成立公司或合伙企业的一般性规定。同时，我国《城市房地产管理法》规定了设立房地产经纪机构应当符合的实体条件：（1）有自己的名称和组织机构；（2）有固定的服务场所；（3）有必要的财产和经费；（4）有足够数量的专业人员；（5）法律、行政法规规定的其他条件。对于其他条件，部门规章《房地产经纪管理办法》做了进一步规定，要求设立房地产经纪机构应当有足够数量的房地产经纪人和房地产经纪人协理。

现实当中，房地产经纪机构在办理工商登记时只要求申请登记的房地产经纪机构符合一般企业设立的条件即可，不做特殊审查。根据《房地产经纪管理办法》"房地产经纪机构及其分支机构应当自领取营业执照之日起30日内，到所在直辖市、市、县人民政府建设（房地产）主管部门备案"的规定，房地产经纪机构应具备的特殊条件由房地产经纪行业行政主管部门在其备案时审查。房地产经纪行业行政主管部门对"房地产经纪机构及其分支机构的名称、住所、法定代表人（执行合伙人）或者负责人、注册资本、房地产经纪人员（注册信息）等备案信息向社会公示"。

2．事中管理

事中管理是对房地产经纪活动过程的监督管理，是房地产经纪行业管理的核心，主要包括现场检查、合同管理（网上签约和合同备案）、资信评价、信用档案信息公示、收费管理和交易资金监管等。

现场检查包括对机构备案、人员资格、门店公示、服务合同等内容和情况的检查。现场检查一般是多部门的联合检查，住房和城乡建设部门检查房地产经纪机构是否取得备案证明、从业的房地产经纪人员取得职业资格和进行登记的情况、营业场所公示是否符合要求，工商部门检查机构是否登记备案、合同是否规范；物价部门检查服务收费问题，人力资源和劳动保障部门检查劳务用工问题。北京、成都等实行定期实地巡检。由于房地产经纪机构没有严格的市场准入制度，房地产经纪行业行政主管部门创新管理手段，牵头联合工商、物价、人力资源和社会保障等部门对房地产经纪机构的经营场所定期进行巡检，重点检查经营场所的公示内容、持证人员的执业情况和合同等业务资料的保存情况。

由于机构资质和人员资格不属于行政许可，对不备案机构和无资格人员执业的没有有效处罚手段，但是住房和城乡建设部门可以对不备案机构和无资格人员进行媒体曝光，通过社会和舆论监督迫使其离开房地产经纪行业。

合同管理是房地产经纪行业的管理的又一重要手段。《房地产经纪管理办法》对房地产经纪服务合同签订有比较详细的规定，比如房地产经纪服务合同要有机构盖章人员签名等，并规定了相应的罚则，现场检查过程中主要通过对服务合同的检查发现房地产经纪服务行为存在的问题。另外《房地产经纪管理办法》规定经备案的房地产经纪机构才能获得网上签约资格，交易合同备案和网上签约也成为一种有力的监管手段。另外有的地方规定只有备案的房地产经纪机构才能获得网上签订房地产经纪服务合同的资格，只有具备相应职业资格的房地产经纪人员才能有权进行网上签约操作。房地产经纪行业组织可以对房地产经纪机构和房地产经纪人员开展资信评价，奖优惩劣，向社会推荐优秀的房地产经纪机构和房地产经纪人员，曝光不良的机构和人员。关于收费管理，国家和地方都制定了具体的标准，对收费明码标价、收费对应的服务内容和标准，收费时点等也有相应的规定。

3. 事后管理

事后管理主要是业务纠纷调处、投诉处理和对违法违规行为的处罚。房地产经纪行业行政主管部门或者房地产经纪行业组织针对房地产经纪纠纷和投诉，进行调查、调节和处理。根据《房地产经纪管理办法》等有关规定，房地产经纪行业主管部门可以采取约谈、记入信用档案、媒体曝光等措施进行事后监管，对经查实的房地产经纪违规行为，由房地产经纪行业管理部门对房地产经纪机构和房地产经纪人员进行处理或者处罚，手段包括限期改正、记入信用档案、取消网上签约资格、罚款、没收违法所得、停业整顿等。

《房地产经纪管理办法》明确了9种禁止行为和若干不规范行为。禁止行为包括：

1）捏造散布涨价信息，或者与房地产开发经营单位串通捂盘惜售、炒卖房号，操纵市场价格；

2）对交易当事人隐瞒真实的房屋交易信息，低价收进高价卖（租）出房屋赚取差价；

3）以隐瞒、欺诈、胁迫、贿赂等不正当手段招揽业务，诱骗消费者交易或者强制交易；

4）泄露或者不当使用委托人的个人信息或者商业秘密，谋取不正当利益；

5）为交易当事人规避房屋交易税费等非法目的，就同一房屋签订不同交易价款的合同提供便利；

6）改变房屋内部结构分割出租；

7）侵占、挪用房地产交易资金；

8）承购、承租自己提供经纪服务的房屋；

9）为不符合交易条件的保障性住房和禁止交易的房屋提供经纪服务。

对于这9种禁止行为，《房地产经纪管理办法》规定了相应的行政处罚。对于不规范行为也有明确的处理或者处罚措施，如房地产经纪机构擅自对外发布房源信息的，由县级以上地方人民政府建设（房地产）主管部门责令限期改正，记入信用档案，取消网上签约资格，并处以1万元以上3万元以下罚款；房地产经纪机构擅自划转客户交易结算资金的，由县级以上地方人民政府建设（房地产）主管部门责令限期改正，取消网上签约资格，处以3万元罚款；有下列行为之一的，由县级以上地方人民政府建设（房地产）主管部门责令限期改正，记入信用档案，对房地产经纪人员处以1万元罚款，对房地产经纪机构处以1万元以上3万元以下罚款：

1）房地产经纪人员以个人名义承接房地产经纪业务和收取费用的；

2）房地产经纪机构提供代办贷款、代办房地产登记等其他服务，未向委托人说明服务内容、收费标准等情况，并未经委托人同意的；

3）房地产经纪服务合同未由从事该业务的一名房地产经纪人或者两名房地产经纪人协理签名的；

4）房地产经纪机构签订房地产经纪服务合同前，不向交易当事人说明和书面告知规定事项的；

5）房地产经纪机构未按照规定如实记录业务情况或者保存房地产经纪服务合同的。

第三节　房地产经纪行业自律

一、房地产经纪行业组织的性质和组织形式

房地产经纪行业组织作为政府与市场、社会之间的桥梁纽带，是社会治理的重要力量，在政府管理、企业运营和个人执业中发挥着不可替代的作用。相对政府部门和企业组织，行业组织在专业、信息、人才、机制等方面具有独特优势，能做企业想做却做不了、政府要做却无精力做的事。

房地产经纪行业组织一般指房地产经纪行业学（协）会，是房地产经纪机构和房地产经纪人员的自律性组织，单位性质是社团法人。房地产经纪行业组织通常由房地产经纪机构和房地产经纪人员发起设立，通过社团登记和制定章程来确定自己的管理职责范围，并以此约束行业内房地产经纪机构和房地产经纪人员的执业行为。房地产经纪行业组织所制定的章程应符合有关法律、法规和规章的规定。在法律、法规或政府行政管理部门明确授权的情况下，房地产经纪行业组织可履行应由政府管理部门履行的管理职责，如：将情况汇总、反映给该部门并可做适当的分析评价甚至提出参考性处理意见。

房地产经纪行业组织分为全国性行业组织和地方性行业组织。中国房地产估价师与房地产经纪人学会是目前中国唯一合法的全国性房地产经纪行业组织，地方性行业组织可分为省、自治区、直辖市及设区市设立的房地产经纪行业组织，比如北京房地产中介行业协会、上海房地产经纪行业协会、重庆市国土资源房屋评估和经纪协会、大连市房地产经纪人协会等属于地方性房地产经纪行业组织。中国房地产估价师与房地产经纪人学会通过和各地方房地产经纪行业组织交流协作，实施对全国房地产经纪行业的自律管理。

房地产经纪人员一经取得房地产经纪人职业资格或房地产经纪人协理职业资格，即可申请成为行业组织会员，享有章程赋予的权利，履行章程规定的义务。房地产经纪人员一经加入房地产经纪组织即表示其自愿接受房地产经纪组织的约束，因此房地产经纪组织章程对参加组织的房地产经纪机构和房地产经纪人员具有强制约束力。

二、房地产经纪行业组织的自律管理职责

房地产经纪行业组织行使自律管理职责的依据有两个，一个是章程，另外一个是房地产经纪执业规范。房地产经纪行业组织根据章程，或经政府房地产管理部门授权，履行下列职责：

1）保障房地产经纪会员依法执业，维护会员合法权益。

2）组织开展房地产经纪理论、方法及其应用的研究、讨论、交流和考察。

3）拟订并推行房地产经纪执业规范。

4）协助行政主管部门组织实施房地产经纪人员资格考试。

5）接受政府部门委托办理房地产经纪人员职业资格登记。

6）开展房地产经纪业务培训，对房地产经纪人进行继续教育，推动知识更新。

7）建立房地产经纪人员和房地产经纪机构信用档案，开展房地产经纪资信评价。

8）进行房地产经纪人员职业道德和执业纪律教育、监督和检查。

9）调解房地产经纪人员之间在执业活动中发生的纠纷。

10）按照章程规定对房地产经纪人员给予奖励或处分。

11）提供房地产经纪咨询和技术服务。

12）编辑出版房地产经纪刊物、著作，建立有关网站，开展行业宣传。

13）代表本行业开展对外交往、交流活动，参加相关国际组织。

14）向政府有关部门反映会员的意见、建议和要求，维护会员的合法权益，支持会员依法执业。

15）办理法律、法规规定和行政主管部门委托或授权的其他有关工作。

制定和推行自律性的执业规范或者执业规则是房地产经纪行业组织实施行业管理的重要手段。执业规则是房地产行业组织根据业内人员的共同意志和行业管理需要制定的，它是平等民事主体之间的一种约定或者共识。

房地产经纪执业规则属于公约范畴，但它不同于一般的乡规民约：一是房地产经纪执业规则是依据法律、法规和规章制定的；二是执业规则的产生履行特定的程序，即通过行业组织理事会审议而形成的自律性的规范要求和运作准则。因此，执业规则可升格为国家的法律法规和规章条例，具有广泛的群众性和民主性，集中体现了业内机构和人员的共同意志。

　　房地产经纪执业规则对房地产经纪机构和人员具有普遍约束力，主要表现在：违反规则执业，对他人的合法权益造成侵害的，一要受到行政管理部门处罚，甚至法律的制裁；二要受到行业组织的通报批评，将不良行为记入信用档案。当然，对违规执业的行为仅仅具有通报批评的约束手段是远远不够的，在一些发达国家，房地产经纪行业组织对严重违反行业规则的机构或个人，可以通过开除其会员资格或者取消职业资格的方式，使其无法继续从事房地产经纪活动。但目前我国行业组织的地位和职能需要加强，房地产经纪执业规则对房地产经纪执业行为的规范和约束作用也有待进一步发挥。今后，随着房地产行业组织地位的提高，其职责和功能得到充分发挥，房地产经纪执业规则的约束力也将进一步增强。

三、我国的房地产经纪行业自律管理体系

（一）房地产经纪行业协会的组织体系

　　房地产经纪行业协会的组织体系是指由各级房地产经纪行业协会构成的自律管理和服务的组织架构体系。按照级别，分为全国的行业自律组织、省级的自律组织和市级自律组织三个层级。在全国层面，中国房地产估价师与房地产经纪人学会是我国房地产经纪行业全国性的自律组织。中国房地产估价师与房地产经纪人学会主要由从事房地产中介活动的专业人士和专业机构组成，依法对房地产估价、经纪和租赁行业进行自律管理。在全国层面还有两个相关的行业组织，一个是中国房地产业协会（房地产开发行业的自律组织），另外一个是全国工商联房地产商会（房地产相关企业的自律组织）。省级的房地产经纪行业组织分为省、直辖市、自治区的房地产经纪行业组织和直辖市的房地产经纪行业组织；市级的房地产经纪行业组织分为市级、县级和区级的行业组织。房地产经纪行业组织架构见图9-3。

　　中国房地产估价师与房地产经纪人学会简称为中房学，英文名称为China Institute of Real Estate Appraisers and Agents，英文名称缩写为CIREA，业务主管部门是住房和城乡建设部，其前身是成立于1994年8月的中国房地产估价师学会，2004年7月变更为现名。中国房地产估价师与房地产经纪人学会于2002年开始承担房地产经纪人执业资格考试工作，2004年承担房地产经纪人执业资格注册管理工作，2015年被确定为房地产经纪专业人员职业资格考试和登记的组织实施单位。2018年中国证监会和住房城乡建设部联合发布《关

于推进住房租赁资产证券化相关工作的通知》（证监发〔2018〕30 号），明确中国房地产估价师与房地产经纪人学会为住房租赁行业自律管理组织。经过多年的努力，中国房地产估价师与房地产经纪人学会探索建立了以房地产经纪专业人员职业资格登记管理制度为核心，以信息平台建设和资信评价为基础，以标准、规范制定和行为导向的房地产经纪行业自律管理框架体系。行业自律组织作为行政管理部门不可缺少的助手，在房地产经纪行业管理中发挥的作用越来越大。

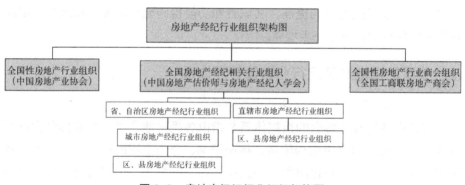

图 9-3 房地产经纪行业组织架构图

（二）自律管理文件体系

行业自律组织依据成文的自律文件实施自律管理和开展自律工作。自律组织的核心自律文件是章程，相当于一个国家的宪法。章程对于行业组织的会员具有约束力，通常包括下列内容：

1）名称、住所；

2）宗旨、业务范围和活动地域；

3）会员资格及其权利、义务；

4）民主的组织管理制度，执行机构的产生程序；

5）负责人的条件和产生、罢免的程序；

6）资产管理和使用的原则；

7）章程的修改程序；

8）终止程序和终止后资产的处理；

9）应当由章程规定的其他事项。

在章程的框架下，房地产经纪行业组织可以制定执业规则、行为守则、示范文本等规范或标准，对具体的经纪活动和服务行为进行规范和约束。例如 2006 年 10 月中国房地产估价师与房地产经纪人学会发布了《房地产经纪执业规则》，并于 2013 年 1 月对《房地产经纪执业规则》进行了修改，《房地产经纪执业规则》是对房地产经纪机构和房地产经纪人自律管理的重要依据，是指导房地产经纪行为的基本准则。中国房地产估价师与房地产经纪人学会发布《房地产经纪服务合同推荐文本》（中房学〔2017〕5 号，2006 年初次发布，2018 年修订），合同文本包括《房地产经纪服务合同（房屋出售）》《房地产经纪服务合同（房屋购买）》《房地产经纪服务合同（房屋出租）》《房地产经纪服务合同（房屋承租）》4 个合同 2006 年 10 月。2018 年，中国房地产估价师与房地产经纪人学会发布了《房屋状况说明书推荐文本》（中房学〔2017〕1 号），《房屋状况说明书推荐文本》包括《房屋状况说明书（房屋租赁）》《房屋状况说明书（房屋买卖）》2 个文本。自律文件体系构成见图 9-4。

图 9-4　自律文件体系构成图

另外，房地产经纪行业组织还可以发布倡议、风险提示等自律文件，倡议是引导性质的，风险提示是警示性质的，倡议可以在会员内部，也可以面向整个行业；风险提示既可以提示会员，也可以提示社会大众。例如，2007 年，中国房地产估价师与房地产经纪人学会已经针对交易方式带来的风险问题，发布了房地产交易风险提示第一号。2014 年，针对一些地方发生了房地产经纪公司侵占、挪用交易资金，甚至卷款潜逃的事件，发布了房地产交易风险提示第二号，提醒广大房地产交易者，要审慎选择中介公司、认真查看所购房屋、谨慎支付交易资金、规范交易合同签订，2018 面，针对大学生的租房风险问题，发布了《毕业生租房风险提示与防范》，提醒广大毕业生在租房时，一要识别和提防"黑中介"陷阱，二要警惕低租金和零佣金陷阱，三要躲开不合法不安全房屋陷阱，四要避免不规范租赁合同陷阱，五要关注押金扣留条款陷阱，六要谨防"被租金贷"陷阱，七要依法依规维权。

房地产经纪执业规则

房地产经纪执业规则

第一条　为加强对房地产经纪机构和人员的自律管理，规范房地产经纪行为，保证房产经纪服务质量，保障房地产交易者的合法权益，维护房地产市场秩序，促进房地产经纪行业健康发展，根据《中华人民共和国城市房地产管理法》《房地产经纪管理办法》等法律法规的规定，制定本规则。

第二条　本规则是房地产经纪机构和人员从事房地产经纪活动的基本指引，是社会大众评判房地产经纪机构和人员执业行为的参考标准，是房地产经纪行业组织对房地产经纪机构和人员进行自律管理的主要依据。

第三条　本规则有关术语定义如下：

（一）房地产经纪，是指房地产经纪机构和人员为促成房地产交易，向委托人提供房地产代理、居间等服务并收取佣金的行为。

（二）房地产经纪机构，是指依法设立，从事房地产经纪活动的中介服务机构。

（三）房地产经纪人员，是指从事房地产经纪活动的房地产经纪人和房地产经纪人协理。房地产经纪人在房地产经纪机构中执行房地产经纪业务；房地产经纪人协理在房地产经纪机构中协助房地产经纪人执行房地产经纪业务。

（四）房地产经纪人，是指通过全国房地产经纪人资格考试或者资格互认，依法取得房地产经纪人资格，并经过注册，从事房地产经纪活动的专业人员。

（五）房地产经纪人协理，是指通过房地产经纪人协理资格考试，依法取得房地产经纪人协理资格，并经过注册，在房地产经纪人的指导下，从事房地产经纪活动的协助执行人员。

（六）房地产代理，是指房地产经纪机构按照房地产经纪服务合同约定，以委托人的名义与第三人进行房地产交易，并向委托人收取佣金的行为。

（七）房地产居间，是指房地产经纪机构按照房地产经纪服务合同约定，向委托人报告订立房地产交易合同的机会或者提供订立房地产交易合同的媒介服务，并向委托人收取佣金的行为。

（八）房地产经纪服务合同，是指房地产经纪机构和委托人之间就房地产经纪服务事宜订立的协议，包括房屋出售经纪服务合同、房屋出租经纪服务合同、房屋承购经纪服务合同和房屋承租经纪服务合同等。

（九）房地产经纪服务，是指房地产经纪机构和人员为促成房地产交易，向委托人提供的相关服务，包括提供房源、客源、价格等信息，实地查看房地产，代拟房地产交易合同等。

（十）独家代理，是指委托人仅委托一家房地产经纪机构代理房地产交易事宜。

（十一）佣金，是指房地产经纪机构向委托人提供房地产经纪服务，按照房地产经纪服务合同约定，向委托人收取的服务费用。

（十二）差价，是指通过房地产经纪促成的交易中，房地产出售人（出租人）得到的价格（租金）低于房地产承购人（承租人）支付的价格（租金）的部分。

第四条　房地产经纪人员应当认识到房地产经纪的必要性及其在保障房地产交易安全、促进交易公平、提高交易效率、降低交易成本、优化资源配置、提高人民居住水平等方面的重要作用，应当具有职业自信心、职业荣誉感和职业责任感。

第五条　房地产经纪机构和人员从事房地产经纪活动，应当遵守法律、法规、规章，恪守职业道德，遵循自愿、平等、公平和诚实信用的原则。

第六条　房地产经纪机构和人员应当勤勉尽责，以向委托人提供规范、优质、高效的专业服务为己任，以促成合法、安全、公平的房地产交易为使命。

第七条　房地产经纪机构和人员在执行代理业务时，在合法、诚信的前提下，应当维护委托人的权益；在执行居间业务时，应当公平正直，不偏袒交易双方中任何一方。

第八条　房地产经纪机构应当成为学习型企业，加强对房地产经纪人员的职业道德教育和业务培训，鼓励和支持房地产经纪人员参加继续教育活动，督促其不断增长专业知识，提高专业胜任能力，维护良好的社会形象。

第九条　房地产经纪机构应当关心房地产经纪人员的成长和发展，营造人文关怀的企业文化，吸引和留住优秀人才。

倡导房地产经纪机构和人员积极参加社会公益活动，勇于承担社会责任。

第十条　房地产经纪机构之间、房地产经纪人员之间，应当相互尊重，公平竞争，共同营造良好的执业环境，建立优势互补、信息资源共享、合作共赢的和谐发展关系。

第十一条　房地产经纪机构及其分支机构应当在其经营场所醒目位置公示下列内容：

（一）营业执照和备案证明文件；

（二）服务项目、服务内容和服务标准；

（三）房地产经纪业务流程；

（四）收费项目、收费依据和收费标准；

（五）房地产交易资金监管方式；

（六）房地产经纪信用档案查询方式、投诉电话及 12358 价格举报电话；

（七）建设（房地产）主管部门或者房地产经纪行业组织制定的房地产经纪服务合同、房屋买卖合同、房屋租赁合同示范文本；

（八）法律、法规、规章规定应当公示的其他事项。

分支机构还应当公示设立该分支机构的房地产经纪机构的经营地址及联系方式。

房地产经纪机构代理销售商品房项目的，还应当在销售现场醒目位置公示商品房销售委托书和批准销售商品房的有关证明文件。

房地产经纪机构及其分支机构公示的内容应当真实、完整、清晰。

第十二条　房地产经纪人员在执行业务时，应当佩戴标有其姓名、注册号、执业单位和照片等内容的胸牌（卡），注重仪表、礼貌待人，维护良好的职业形象。

第十三条　房地产经纪业务应当由房地产经纪机构统一承接。分支机构应当以设立该分支机构的房地产经纪机构名义承接业务。房地产经纪人员不得以个人名义承接房地产经纪业务。

第十四条　房地产经纪机构和人员不得利用虚假的房源、客源、价格等信息引诱客户，不得采取胁迫、恶意串通、阻断他人交易、恶意挖抢同行房源客源、恶性低收费、帮助当事人规避交易税费、贬低同行、虚假宣传等不正当手段招揽、承接房地产经纪业务。

房地产经纪机构和人员未经信息接收者、被访者同意或者请求，或者信息接收者、被访者明确表示拒绝的，不得向其固定电话、移动电话或者个人电子邮箱发送房源、客源信息，不得拨打其电话、上门推销房源、客源或者招揽业务。

房地产经纪机构和人员采取在经营场所外放置房源信息展板、发放房源信息传单等方式招揽房地产经纪业务，应当符合有关规定，并不得影响或者干扰他人正常生活，不得有损房地产经纪行业形象。

第十五条　房地产经纪机构和人员不得招揽、承办下列业务：

（一）法律法规规定不得交易的房地产和不符合交易条件的保障性住房的经纪业务；

（二）违法违规或者违背社会公德、损害公共利益的房地产经纪业务；

（三）明知已由其他房地产经纪机构独家代理的经纪业务；

（四）自己的专业能力难以胜任的房地产经纪业务。

第十六条　房地产经纪机构承接房地产经纪业务，应当与委托人签订书面房地产经纪服务合同。

房地产经纪服务合同应当优先选用建设（房地产）主管部门或者房地产经纪行业组织制定的示范文本；不选用的，应当经委托人书面同意。

房地产经纪机构承接代办房地产贷款、代办房地产登记等其他服务，应当与委托人另行签订服务合同。

第十七条　房地产经纪机构与委托人签订房地产经纪服务合同，应当向委托人说明房地产经纪服务合同和房地产交易合同的相关内容，并书面告知下列事项：

（一）是否与委托房地产有利害关系；

（二）应当由委托人协助的事宜、提供的资料；

（三）委托房地产的市场参考价格；

（四）房地产交易的一般程序及可能存在的风险；

（五）房地产交易涉及的税费；

（六）房地产经纪服务的内容及完成标准；

（七）房地产经纪服务收费标准和支付时间；

（八）其他需要告知的事项。

房地产经纪机构根据交易当事人需要提供房地产经纪服务以外的其他服务的，应当向委托人说明服务内容、收费标准等情况，并经交易当事人书面同意。

书面告知材料应当经委托人签名（盖章）确认。

第十八条　房地产经纪机构与委托人签订房屋出售、出租经纪服务合同，应当查看委托人的身份证明、委托出售或者出租房屋的权属证明和房屋所有权人的身份证明等有关资料，实地查看房屋并编制房屋状况说明书。

房地产经纪机构与委托人签订房屋承购、承租经纪服务合同，应当查看委托人的身份证明等有关资料，了解委托人的购买资格，询问委托人的购买（租赁）意向，包括房屋的用途、区位、价位（租金水平）、户型、面积、建成年份或新旧程度等。

房地产经纪机构和人员应当妥善保管委托人提供的资料以及房屋钥匙等物品。

第十九条　房地产经纪机构对每宗房地产经纪业务，应当选派或者由委托人选定注册在本机构的房地产经纪人员为承办人，并在房地产经纪服务合同中载明。

第二十条　房地产经纪服务合同应当由承办该宗经纪业务的一名房地产经纪人或者两名房地产经纪人协理签名，并加盖房地产经纪机构印章。

第二十一条　房地产经纪机构和人员不得在自己未提供服务的房地产经纪服务合同等业务文书上盖章、签名，不得允许其他单位或者个人以自己的名义从事房地产经纪业务，不得以其他单位或者个人的名义从事房地产经纪业务。

第二十二条　房地产经纪机构和人员对外发布房源信息，应当经委托人书面同意；发布的房源信息中，房屋应当真实存在，房屋状况说明应当真实、客观，挂牌价应当为委托人的真实报价并标明价格内涵。

第二十三条　房地产经纪机构和人员不得捏造、散布虚假房地产市场信息，不得操控或者联合委托人操控房价、房租，不得鼓动房地产权利人提价、提租，不得与房地产开发经营单位串通捂盘惜售、炒卖房号。

第二十四条　房地产经纪人员应当根据委托人的意向，及时、全面、如实向委托人报告业务进行过程中的订约机会、市场行情变化及其他有关情况，不得对委托人隐瞒与交易有关的重要事项；应当及时向房地产经纪机构报告业务进展情况，不得在脱离、隐瞒、欺骗房地产经纪机构的情况下开展经纪业务。

第二十五条　房地产经纪人员应当凭借自己的专业知识和经验，尽职调查标的房地产状况，如实向承购人（承租人）告知所知悉的真实、客观、完整的标的房地产状况，不得隐瞒所知悉的标的房地产的瑕疵，并应当协助其对标的房地产进行查验。

第二十六条　房地产经纪机构和人员不得诱骗或者强迫当事人签订房地产交易合同，不得阻断或者搅乱同行提供经纪服务的房地产交易，不得承购或者承租自己提供经纪服务的房地产，不得将自己的房地产出售或者出租给自己提供经纪服务的委托人。

第二十七条　房地产经纪机构和人员应当向交易当事人宣传、说明国家实行房地产成交价格申报制度，如实申报成交价格是法律规定；不得为交易当事人规避房地产交易税费、多贷款等目的，就同一房地产签订不同交易价款的合同提供便利；不得为交易当事人骗取购房资格提供便利；不得采取假赠与、假借公证委托售房等手段规避国家相关规定。

第二十八条　房地产经纪机构和人员应当严格遵守房地产交易资金监管规定，保障房地产交易资金安全，不得侵占、挪用或者拖延支付客户的房地产交易资金。

房地产经纪机构按照交易当事人约定代收代付交易资金的，应当通过房地产经纪机构在银行开设的客户交易结算资金专用存款账户划转交易资金。交易资金的划转应当经过房地产交易资金支付方和房地产经纪机构的签字和盖章。

第二十九条　房地产经纪机构和人员不得在隐瞒或者欺骗委托人的情况下，向委托人推荐使用与自己有直接利益关系的担保、估价、保险、金融等机构的服务。

第三十条　佣金等服务费用应当由房地产经纪机构统一收取。房地产经纪人员不得以个人名义收取费用。

房地产经纪机构不得收取任何未予标明或者服务合同约定以外的费用；在未对标的房屋进行装饰装修、增配家具家电等投入的情况下，不得以低价购进（租赁）、高价售出（转租）等方式赚取差价；不得利用虚假信息骗取中介费、服务费、看房费等费用。

第三十一条　房地产经纪机构未完成房地产经纪服务合同约定的事项，

或者服务未达到房地产经纪服务合同约定标准的，不得收取佣金；但因委托人原因导致房地产经纪服务未完成或未达到约定标准的，可以按照房地产服务合同约定，要求委托人支付从事经纪服务已支出的必要费用。

第三十二条　房地产经纪机构转让或者与其他房地产经纪机构合作开展经纪业务的，应当经委托人书面同意。

两家或者两家以上房地产经纪机构合作开展同一宗房地产经纪业务的，只能按照一宗业务收取佣金；合作的房地产经纪机构应当根据合作双方约定分配佣金。

第三十三条　房地产经纪机构和人员对已成交或者超过委托期限的房源信息，应当及时予以标注，或者从经营场所、网站等信息发布渠道撤下。

第三十四条　房地产经纪机构应当建立健全业务记录制度。执行业务的房地产经纪人员应当如实全程记录业务执行情况及发生的费用等，形成房地产经纪业务记录。

第三十五条　房地产经纪机构应当妥善保存房地产经纪服务合同和其他服务合同、房地产交易合同、房屋状况说明书、房地产经纪业务记录、业务交接单据、原始凭证等房地产经纪业务相关资料。

房地产经纪服务合同等房地产经纪业务相关资料的保存期限不得少于5年。

第三十六条　房地产经纪机构和人员应当保守在执业活动中知悉的当事人的商业秘密，不得泄露个人隐私；应当妥善保管委托人的信息及其提供的资料，未经委托人同意，不得擅自将其公开、泄露或者出售给他人。

第三十七条　房地产经纪机构应当建立房地产经纪纠纷投诉处理机制，及时妥善处理房地产交易当事人与房地产经纪人员的纠纷。

第三十八条　房地产经纪机构应当建立健全各项内部管理制度，加强内部管理，规范自身执业行为，指导、督促房地产经纪人员及相关辅助人员认真遵守本规则。

房地产经纪机构依法对房地产经纪人员的执业行为承担责任，发现房地产经纪人员的违法违规行为应当进行制止并采取必要的补救措施。

第三十九条　本规则由中国房地产估价师与房地产经纪人学会负责解释。

第四十条　本规则自 2013 年 3 月 1 日起施行。2006 年 10 月 31 日发布的《房地产经纪执业规则》（中房学〔2006〕15 号）同时废止。

住房租赁经营规范

北京市住房租赁经营规范

第一条 为加强本市住房租赁行业自律管理，加快发展住房租赁市场，规范住房租赁经营行为，推动建立租购并举的住房制度，根据《国务院办公厅关于加快培育和发展住房租赁市场的若干意见》(国办发〔2016〕39号)、《商品房屋管理办法》(住房城乡建设部令第6号)、《关于在人口净流入的大中城市加快发展住房租赁市场的通知》(建房〔2017〕153号)、《关于推进住房租赁资产证券化相关工作的通知》(证监发〔2018〕30号)、《北京市房屋租赁管理若干规定》(市政府令第231号)、《关于公布我市出租房屋人均居住面积标准等有关问题的通知》(京建法〔2013〕13号)、《关于加快发展和规范管理本市住房租赁市场的通知》(京建法〔2017〕21号)等规定，制定本规范。

第二条 本规范是住房租赁企业及从业人员开展住房租赁活动的基本指引，是社会大众评判住房租赁经营行为的参考标准，是实施住房租赁经营行业自律管理的主要依据。

第三条 本规范的有关术语定义如下：

(一)住房租赁经营，是指住房租赁企业通过对承租、购买、自建等方式筹集来的房源，进行装饰装修、增配家具家电、提供租住服务等投入后出租，承担出租人责任并赚取租金溢价及相关服务费用的行为。

(二)住房租赁企业，是指依法取得经营范围包括"住房租赁经营"营业执照，并将企业和从业人员的基本情况等信息报送所在区住房城乡建设部门备案的企业。

（三）住房租赁服务人员，是指与住房租赁企业签订劳动合同的，在住房租赁经营活动中专业从事租赁合同签订、房屋租赁管理和日常租住服务的人员。

第四条　住房租赁企业应当在营业场所醒目位置公示下列内容：

（一）营业执照、备案证明文件、会员证书、租赁风险备付金缴存证明；

（二）租赁服务人员的实名登记信息；

（三）服务收费项目、收费依据和收费标准；

（四）住房租赁合同示范文本；

（五）租赁管理规定和管理流程，租住服务项目、服务内容和服务标准；

（六）住房租赁企业信用档案查询方式、客服电话和行业监督电话；

（七）法律、法规、规章规定应当公示的其他事项。

分支机构还应当公示设立该分支机构的住房租赁企业的经营地址及联系方式。

第五条　住房租赁服务人员提供租住服务，应当佩戴由北京房地产中介行业协会统一制作的工作牌，实名从业。

第六条　有下列情形之一的房屋不得用于租赁经营：

（一）不符合规划、建筑、消防、治安、卫生等方面的强制性安全条件的房屋，如违法建筑、危险房屋、消防验收不合格的房屋等；

（二）法律、法规规定禁止市场化租赁的房屋，如保障性住房、直管公房、小产权房等；

（三）法律法规禁止租赁的其他住房。

第七条　租赁经营住房应当以原规划设计为居住空间的房间为最小出租单位，不得改变房屋内部结构分割出租，不得按床位等方式变相分割出租，不得将厨房、卫生间、阳台和地下储藏室等空间单独出租供人员居住。

第八条　租赁住房人均居住面积（指规划设计为居住空间的房间的使用面积）不得低于 5 平方米，每个房间居住的人数不得超过 2 人（有法定赡养、抚养、扶养义务关系的除外）。

第九条　住房租赁企业不得将住房出租给被通缉的在逃人员、失信被执行人、列入严重失信名单的人员、非法组织等个人和组织。

第十条　住房租赁企业通过承租、购买方式筹集房源的，应当查看核对住房所有权人的身份证件、住房的权属证明，实地查看住房，书面告知住房租赁经营的有关事项，并按照规定签订相关合同。

第十一条　住房租赁企业出租住房给承租人的，应当查看承租人的身份证明等有关证件，核实承租人的真实身份。

第十二条　住房租赁企业应当与住房租赁当事人签订书面租赁合同，租赁合同优先使用住房城乡建设部门会同市工商部门制定的住房租赁合同示范文本。

第十三条　住房租赁企业出租自有住房的，除承租人另有要求外，合同约定租期不得低于3年。

第十四条　住房租赁企业应当根据租赁住房所在区域市场租金水平合理约定租金，合同约定租期内不得单方面提高租金。

第十五条　住房租赁企业按照合同约定收取押金的，应当在合同中明确退还时间、退还条件。

第十六条　住房租赁企业与当事人的住房租赁合同签订后3日内，应当通过北京市租房租赁服务平台办理登记备案。登记备案信息发生变更的，及时办理变更备案。

第十七条　除租赁合同有特别约定外，住房租赁企业应当自租赁合同终止日起3个工作日内将租赁押金及剩余租金还承租人；对退还押金有异议的，住房租赁企业应当承担相应举证责任。

第十八条　住房租赁企业应当加强租赁期间的住房使用管理，建立日常检查制度，重点检查用火、用电、用水、用气管理，核实承租人员和实际租住人员情况。

第十九条　住房租赁企业应当建立健全租赁经营业务合规、风控与管理体系，建立出租住房的租赁和使用的风险监测、违约处置、信息披露和运营管理等制度规则；加强对租赁服务人员的培训和管理，引导从业人员规范服务，落实企业和行业的各项监管要求。

第二十条　住房租赁企业发行住房租赁资产证券化产品应当满足下列条件：

（一）租赁经营住房的权属清晰，符合本规范的要求，且已办理住房租赁登记备案相关手续；

（二）租赁经营住房的有稳定租约，且能产生持续、稳定的现金流；

（三）住房租赁企业的公司治理完善，具有持续经营能力及较强运营管理能力，最近2年无重大违法违规行为。

　　第二十一条　住房租赁企业不得经营隔断房、群租房，不得以低租金等方式诱骗、欺诈承租人，不得以威逼、恐吓等手段胁迫承租人缴纳相关费用，不得克扣租金、租金，不得挪用承租人预付的租金，不得捆绑租金贷款。

　　第二十二条　住房租赁企业应当建立纠纷调处机制，首先与租赁当事人协商解决矛盾纠纷，协商不成的，可以申请北京房地产中介行业协会调解纠纷。

　　第二十三条　本规范由北京房地产中介行业协会负责解释，自发布之日实行。

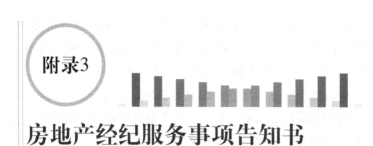

附录3

房地产经纪服务事项告知书

房屋出售经纪服务事项告知书
（推荐文本）

北京房地产中介行业协会

说　明

一、本房屋出售经纪服务事项告知书（以下简称告知书）为推荐文本，由北京房地产中介行业协会根据《房地产经纪管理办法》《关于转发〈住房城乡建设部等部门关于加强房地产中介管理促进行业健康发展的意见〉的通知》《房地产经纪执业规则》等法规政策，结合北京市房地产经纪活动实际情况制定，并推荐使用。

二、签订房屋出售经纪服务合同前，房地产经纪人员应向房屋出售人据实解说本告知所列内容；房屋出售人要认真聆听房地产经纪人员的讲解，并仔细阅读告知书内容。

三、房屋出售人确定听清房地产经纪人员所告知内容后，由房地产经纪人员填写本告知书。

四、告知书中【　】的内容为选择内容，以划√方式选定；对于不涉及的内容，应当在【　】中打×，以示删除；根据需要在【　　】填写相应补充内容，所有项目不得漏填。

五、房地产经纪人员和房屋出售人分别在最后一页和全文骑缝处签字，房地产经纪机构加盖印章。

六、本告知书一式两份，分别由房地产经纪机构和房屋出售人留存；房地产经纪机构留存期限不得少于5年。

七、建议告知书编号与房屋出售经纪服务合同编号一致。

房屋出售经纪服务事项告知内容

一、房屋出售经纪服务合同相关内容

房屋出售人与房地产经纪机构要签订的书面合同为【房屋出售经纪服务合同】【_____】；所采用的合同文本为【建设（房地产）主管部门制定的示范文本】【房地产经纪行业组织制定的推荐文本】【本公司制定的格式文本】，合同主要内容有_____。

二、房地产买卖合同相关内容

房屋成交后，房屋出售人与买受人要签订的书面为【存量房屋屋买卖合同】【商品房现房买卖合同】【商品房预售合同】【_____】，所采用的买卖合同文本为【建设（房地产）主管部门】【_____】制定的示范文本，合同主要内容有_____。

三、与委托房屋有关的利害关系

房地产经纪机构及其房地产经纪人员与拟售房屋【无利害关系】【有利害关系，利害关系为_____】。

四、房屋出售人应当协助的事宜及提供的资料

房屋出售人应当协助或者配合房地产经纪机构【编制《房屋状况说明书》】【提供房屋钥匙】【带领客户看房】【办理不动产登记手续】【办理房屋交接手续】【_____】。

房屋出售人应当提供给房地产经纪人员查看的资料原件有：(1) 房屋出售人的身份证明，具体名称为【居民身份证】【_____】；(2) 房屋权属证明文件，具体名称为【房屋所有权证】【不动产权证】【购房合同】【_____】；(3) 其他【_____】。

房地产经纪机构需要留存复印件的资料有：【房屋所有权证】【居民身份证】【_____】。

房屋出售人承诺【共有权人同意出售房屋】【承租人放弃房屋优先购买权】【_____】，并提供【_____】。

五、房屋出售参考价格

拟售房屋的市场参考售价为：_____。

拟售房屋的可比成交案例价格为：_____。

六、房屋买卖程序及可能存在的风险

房屋买卖的一般程序为:【洽谈交易条件】→【签订房屋买卖合同】→【解除银行抵押】→【监管交易资金】→【办理房屋转移登记】→【办理房屋交接】。

房屋买卖可能存在的风险有【政策调控风险】【买房人违约风险】【交易资金划转风险】【＿＿＿＿＿】等。

七、房屋买卖税费

房屋出售人应当缴纳的税费有【营业税,税率为＿＿＿＿】【所得税,税率为＿＿＿＿】【土地增值税,税率为＿＿＿＿】,其他【＿＿＿＿＿】。

八、经纪服务的内容和完成标准

房地产经纪机构为房屋出售人提供的服务内容包括【提供买卖咨询】【编制房屋状况说明书】【发布房源信息】【寻找意向客户】【带领客户实地看房】【协助商议交易价格】【协助签订房屋买卖合同】【＿＿＿＿＿】;

经纪服务完成标准为【签订房屋买卖合同】【＿＿＿＿＿】。

九、经纪服务收费

经纪服务收费标准为【房屋成交价的＿＿＿＿＿%】【＿＿＿＿＿】,收费标准时间为【房屋买卖合同签订之日】【＿＿＿＿＿】,支付方为【房屋出售人】【房屋买受人】【＿＿＿＿＿】。

十、其他需要告知的事项

【＿＿＿＿＿＿＿＿＿＿＿＿＿＿＿＿＿＿＿＿＿＿＿＿＿＿】。

房地产经纪人签名:＿＿＿＿＿＿　　　职业资格登记号:＿＿＿＿＿＿

房地产经纪人协理签名:＿＿＿＿＿　　职业资格登记号:＿＿＿＿＿＿

房地产经纪人协理签名:＿＿＿＿＿　　职业资格登记号:＿＿＿＿＿＿

房地产经纪机构盖章:

告知日期:＿＿＿＿＿年＿＿月＿＿日

经房地产经纪人员详细解说,本人(房屋出售人)已知悉上述事项。

房屋出售人签字(单位加盖章):＿＿＿＿＿＿＿＿

知悉日期:＿＿＿＿＿年＿＿月＿＿日

房屋购买经纪服务事项告知书
（推荐文本）

北京房地产中介行业协会

说 明

一、本房屋购买经纪服务事项告知书（以下简称告知书）为推荐文本，由北京房地产中介行业协会根据《房地产经纪管理办法》《关于转发〈住房城乡建设部等部门关于加强房地产中介管理促进行业健康发展的意见〉的通知》《房地产经纪执业规则》等法规政策，结合北京市房地产经纪活动实际情况制定，并推荐使用。

二、签订房屋购买经纪服务合同前，房地产经纪人员应向房屋购买人据实解说本告知所列内容；房屋购买人要认真聆听房地产经纪人员的讲解，并仔细阅读告知书内容。

三、房屋购买人确定听清房地产经纪人员所告知内容后，由房地产经纪人员填写本告知书。

四、告知书中【 】的内容为选择内容，以划√方式选定；对于不涉及的内容，应当在【 】中打×，以示删除；根据需要在【 】填写相应补充内容，所有项目不得漏填。

五、房地产经纪人员和房屋购买人分别在最后一页和全文骑缝处签字，房地产经纪机构加盖印章。

六、本告知书一式两份，分别由房地产经纪机构和房屋购买人留存；房地产经纪机构留存期限不得少于5年。

七、建议告知书编号与房屋购买经纪服务合同编号一致。

房屋购买经纪服务事项告知内容

一、房屋承购经纪服务合同相关内容

房屋购买人与房地产经纪机构要签订的书面合同为【房屋承购经纪服务合同】【_____】；所采用的合同文本为【_____推荐文本】所采用的合同文本为【建设（房地产）主管部门制定的示范文本】【房地产经纪行业组织制定的推荐文本】【公司制定的格式文本】，合同主要内容有_____。

二、房地产买卖合同相关内容

房屋成交后，购买人与出售人要签订的书面为【存量房屋屋买卖合同】【商品房现房买卖合同】【商品房预售合同】【_____】，所采用的合同文本为【建设（房地产）主管部门制定的示范文本】【本公司制定的格式文本】，合同主要内容有_____。

三、与委托房屋有关的利害关系

房地产经纪机构及其房地产经纪人员与拟购买房屋【无利害关系】【有利害关系，利害关系为_____】。

四、房屋购买人应当协助的事宜及提供的资料

房屋购买人应当协助或者配合房地产经纪机构【实地看房】【办理房地产贷款手续】【办理不动产登记手续】【办理房屋交接手续】【_____】。

房屋购买人应当提供给房地产经纪人员查看的资料原件有：（1）房屋购买人的身份证明，证件名称为【居民身份证】【_____】；（2）其他【_____】。

房地产经纪机构需要留存复印件的资料有：【居民身份证】【_____】。

房屋购买人承诺【有合法的购房资格】【_____】。

五、拟购买房屋参考价格

拟购买房屋的市场参考售价为：_____。

拟购买房屋的可比成交案例价格为：_____。

六、房屋买卖程序及可能存在的风险

房屋买卖的一般程序为：【洽谈交易条件】→【签订房屋买卖合同】→【监管交易资金】→【办理房屋转移登记】→【办理房屋交接】。

房屋买卖可能存在的风险有【政策调控风险】【房屋权属风险】【房

价变动风险】【卖房人违约风险】【交易资金划转风险】【抵押贷款风险】
【＿＿＿＿＿＿】等。

七、房屋买卖税费

房屋购买人应当缴纳的税费有【契税，税率为＿＿＿＿】【印花税，税率
为＿＿＿＿】【交易手续费，标准为＿＿＿＿】【房屋登记费，标准为＿＿＿＿】，其
他【＿＿＿＿＿＿】。

八、经纪服务的内容和完成标准

房地产经纪机构为房屋购买人提供的服务内容包括【提供买卖咨询】【寻
找房源信息】【带领客户看房】【协助商议买卖价格】【协助签订房屋买卖合同】
【＿＿＿＿＿】，服务完成标准为【签订房屋买卖合同】【完成房屋买卖合同网签】
【完成房屋所有权转移登记】【完成房屋交接】【＿＿＿＿＿】。

九、经纪服务收费

经纪服务收费标准为【房屋成交价的＿＿＿％】【＿＿＿＿＿】，收费时
间为【房屋买卖合同签订之日】【＿＿＿＿＿】，支付方为【房屋购买人】【房
屋出售人】【＿＿＿＿＿＿】。

十、其他需要告知的事项

【＿＿＿＿＿＿＿＿＿＿＿＿＿＿＿＿＿＿＿＿＿＿＿＿＿＿＿＿＿＿＿】。

房地产经纪人签名：＿＿＿＿＿＿＿＿＿ 职业资格登记号：＿＿＿＿＿＿＿

房地产经纪人协理签名：＿＿＿＿＿＿ 职业资格登记号：＿＿＿＿＿＿＿

房地产经纪人协理签名：＿＿＿＿＿＿ 职业资格登记号：

房地产经纪机构盖章：

告知日期：＿＿＿＿年＿＿月＿＿日

经房地产经纪人员详细解说，本人（房屋购买人）已知悉上述事项。

房屋购买人签字（单位加盖章）：＿＿＿＿＿＿＿

知悉日期：＿＿＿＿年＿＿月＿＿日

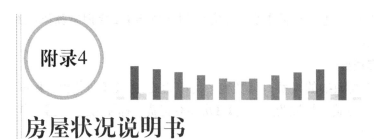

附录4

房屋状况说明书

房屋状况说明书推荐文本

房屋出售经纪服务合同编号：＿＿＿＿＿＿＿＿

房屋状况说明书（房屋买卖）

房 屋 坐 落：＿＿＿＿＿＿＿

房地产经纪机构：＿＿＿＿＿＿＿

实地查看房屋日期：＿＿＿＿＿＿

中国房地产估价师与房地产经纪人学会 推荐

2017 年 4 月

说　明

一、本说明书文本由中国房地产估价师与房地产经纪人学会推荐，供房地产经纪机构编制房屋状况说明书参考使用。

二、本说明书经房屋出售委托人签名、房地产经纪机构盖章后生效。

三、编制本说明书前，应核对房屋出售委托人身份证明和房屋产权信息等资料，与委托人签订房屋出售经纪服务合同，到房地产主管部门进行房源信息核验，并实地查看房屋。

四、本说明书用于房地产经纪机构及其从业人员发布房源信息，向房屋意向购买人说明房屋状况，作为房地产经纪业务记录存档。

五、本说明书记载的内容应客观、真实，不得有虚假记载和误导性陈述，记载的房屋实物状况是实地查看房屋日期时的状况。在实际交接房屋时，如果房屋实物状况与本说明书记载的状况不一致，应以实际交接时的状况为准。

房屋基本状况			
房屋坐落		所在小区名称	
建筑面积	_____平方米	套内建筑面积	_____平方米
户型	___室___厅___厨___卫 或其他_____	规划用途	□住宅 □其他_____
所在楼层	_____层	地上总层数	_____层
朝向		首次挂牌价格	_____万元

房屋产权状况			
房屋所有权	房屋性质	□商品房 □房改房 □经济适用住房 □其他	
	不动产权证书号（或房屋所有权证号）		
	是否共有	□是 □否　共有类型	□共同共有 □按份共有
土地权利	土地使有权性质	□出让 □划拨 □其他	
权利受限情况	是否出租	□是 □否　有无抵押	□有 □无
	其他		

房屋实物状况			
建成年份（代）		有无装修	□有 □无
供电类型	□民电 □商电 □工业用电 □其他	供水类型（可多选）	□市政供水 □二次供水 □自备井供水
市政燃气	□有 □无		□热水
供热或采暖类型	□集中供暖 □自采暖 □其他		□中水 □其他
有无电梯	□有 □无	梯户比	_____电梯（或楼梯）_____户

房屋区位状况			
距所在小区最近的公交站及距离	站点名称：_____ 距离：_____米以内	距所在小区最近的地铁站及距离	站点名称：_____ 距离：_____米以内
周边小学名称		周边中学名称	
周边幼儿园名称		周边医院名称	
周边有无嫌恶设施	□大型垃圾场站 □公共厕所 □高压线 □丧葬设施（殡仪馆、墓地） □其他_____ □无		

需要说明的其他事项			
有无物业管理	□有　□无	物业服务企业名称	
物业服务费标准	＿＿＿＿元/(平方米·月)	有无附带车位随本房屋出售	□有　□无
有无户口	□有　□无	不动产权属证书发证日期	＿＿＿＿年＿＿月＿＿日
契税发票填发日期	＿＿＿＿年＿＿月＿＿日	房屋所有权人购房合同签订日期	＿＿＿＿年＿＿月＿＿日
房屋所有权人家庭在本市有无其他住房	□有　□无		
有无不随本房屋转让的附着物	□买卖双方协商　□无　□有，具体为：＿＿＿＿＿＿＿		
有无附赠的动产	□买卖双方协商　□无　□有，具体为：＿＿＿＿＿＿＿		
其他			
户型示意图			
房源信息核验完成日期	＿＿＿＿年＿＿月＿＿日	房屋出售委托人签名	
房地产经纪人员签名		房地产经纪机构盖章	

填表说明

1. 房屋出售经纪服务合同编号填写本房屋对应的房屋出售经纪服务合同的编号。

2. 房屋坐落填写不动产权属证书（含不动产权证书、房屋所有权证）上的房屋坐落。

3. 房地产经纪机构填写编制本说明书的房地产经纪机构名称，而非其分支机构的名称。

4. 实地查看房屋日期填写房地产经纪人员进行房屋实勘的日期。

5. 不动产权属证书上未标注套内建筑面积的，可不填套内建筑面积。

6. 填写内容有选项的，在符合条件的选项前的□中打✓。

7. 建成年份（代）填写不动产权属证书上的建成年份，未标注具体年份的，可粗略填写，如20世纪90年代。

8. 周边中小学、幼儿园名称填写房屋所在行政区域内，周围2千米范围内的相应设施名称。

9. 周边医院名称，填写房屋周围2千米范围内的相应设施名称。

10. 周边有无嫌恶设施项中，大型垃圾场站、公共厕处于房屋所在楼栋300米范围内的，应勾选；高压线处于房屋所在楼栋500米范围内的，应勾选；丧葬设施处于房屋所在楼栋2千米范围内，应勾选。

11. 户型示意图要注明各空间的功能，并标注指北针等。

12. 房源信息核验完成日期填写房地产主管部门出具房源信息核验结果的日期。

13. 凡是有签名项的，应由相关当事人亲笔签名。

房屋状况说明书推荐文本

房屋出租经纪服务合同编号:＿＿＿＿＿＿＿＿

房屋状况说明书（房屋租赁）

房　屋　坐　落:＿＿＿＿＿＿＿

房地产经纪机构:＿＿＿＿＿＿＿

实地查看房屋日期:＿＿＿＿＿＿

中国房地产估价师与房地产经纪人学会 推荐

2017 年 4 月

说　明

一、本说明书文本由中国房地产估价师与房地产经纪人学会推荐，供房地产经纪机构编制房屋状况说明书参考使用。

二、本说明书经房屋出租委托人签名、房地产经纪机构盖章后生效。

三、编制本说明书前，应核对房屋出租委托人身份证明和房屋产权信息等资料，与委托人签订房屋出租经纪服务合同，并实地查看房屋。

四、本说明书用于房地产经纪机构及其从业人员发布房源信息，向房屋意向承租人说明房屋状况，作为房地产经纪业务记录存档。

五、本说明书记载的内容应客观、真实，不得有虚假记载和误导性陈述，记载的房屋实物状况是实地查看房屋日期时的状况。在实际交接房屋时，如果房屋实物状况与本说明书记载的状况不一致，应以实际交接时的状况为准。

房屋基本状况			
房屋坐落		所在小区名称	
所属辖区	_____（区）_____（街道）_____（居民委员会或村民委员会）		
建筑面积	_____平方米	套内建筑面积	_____平方米
户型	___室___厅___厨___卫 或其他_____	规划用途	□住宅　□其他_____
所在楼层	_____层	地上总层数	_____层
朝向		首次挂牌租金	_____元／月
房屋实物状况			
建成年份（代）		有无装修	□有　□无
供电类型	□民电　□商电 □工业用电　□其他	供水类型（可多选）	□市政供水　□二次供水 □自备井供水　□热水 □中水　□其他
市政燃气	□有　□无		
供热或采暖类型	□集中供暖　□自采暖 □其他	空调部数	
有无电梯	□有　□无	梯户比	_____电梯（或楼梯）____户
互联网	□无　□拨号　□宽带 □ADSL　□其他	有线电视	□有　□无
房屋区位状况			
距所在小区最近的公交站及距离	站点名称：_____ 距离：_____米以内	距所在小区最近的地铁站及距离	站点名称：_____ 距离：_____米以内
周边中小学名称		周边医院名称	
周边幼儿园名称		周边大型购物场所	
周边有无嫌恶设施	□大型垃圾场站　□公共厕所　□高压线　□丧葬设施（殡仪馆、墓地） □其他_____　□无		

配置家具、家电					
序号	名称	品牌／规格	数量	是否可正常使用	备注
1	床			□是　□否	
2	衣柜			□是　□否	
3	电视			□是　□否	
4	冰箱			□是　□否	

……	……			□是 □否	

房屋使用相关费用					
项目	单位	单价	项目	单位	单价
水费			电话费		
电费			物业费		
燃气费			卫生费		
供暖费			车位费		
上网费			其他		
收视费					

需要说明的其他事项		
有无独立电表	□有 □无	有无独立水表 □有 □无
是否为转租	□是 □否	居住限制人数 _____人
是否合租	□是 □否	有无漏水等影响使用的情形 □无 □有，位于_____
其他		
户型示意图		
房地产经纪人员签名		房屋出租委托人签名
房地产经纪机构盖章		

填表说明

1．房屋出租经纪服务合同编号填写本房屋对应的房屋出租经纪服务合同的编号。

2．房屋坐落填写不动产权属证书（含不动产权证书、房屋所有权证）上的房屋坐落。

3．房地产经纪机构填写编制本说明书的房地产经纪机构名称，而非其分支机构的名称。

4．实地查看房屋日期填写房地产经纪人员进行房屋实勘的日期。

5．不动产权属证书上未标注套内建筑面积的，可不填套内建筑面积。

6．填写内容有选项的，在符合条件的选项前的□中打√。

7．建成年份(代)填写不动产权属证书上的建成年份，未标注具体年份的，可粗略填写，如20世纪90年代。

8．周边中小学、幼儿园名称填写房屋所在行政区域内，周围2千米范围内的相应设施名称。

9．周边医院名称、大型购物场所，填写房屋周围2千米范围内的相应设施名称。

10．周边有无嫌恶设施项中，大型垃圾场站、公共厕处于房屋所在楼栋300米范围内的，应勾选;高压线处于房屋所在楼栋500米范围内的，应勾选；丧葬设施处于房屋所在楼栋2千米范围内，应勾选。

11．房屋使用相关费用中，单位是指该项费用的计价单位，如水费填写立方米／元，单价填写每单位的收费价格。

12．户型示意图要注明各空间的功能，并标注指北针等。

13．凡是有签名项的，应由相关当事人亲笔签名。

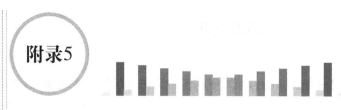

附录5

房地产经纪服务合同

房地产经纪服务合同推荐文本

合同编号：_____

房地产经纪服务合同（房屋出售）

中国房地产估价师与房地产经纪人学会　推荐

2017 年 6 月

说　明

1. 为保护房屋出售委托人合法权益,规范房地产经纪服务行为,中国房地产估价师与房地产经纪人学会制定本合同文本,供房地产经纪机构与房屋出售委托人签订经纪服务合同参考使用。

2. 签订本合同前,房地产经纪机构应向房屋出售委托人出示自己的营业执照和备案证明。房屋出售委托人或其代理人应向房地产经纪机构出示自己的有效身份证明原件,以及不动产权证书或房屋所有权证原件或其他房屋来源证明原件,并提供复印件。房屋出售委托人的代理人办理房屋出售事宜的,应提供合法的授权委托书;房屋属于有限责任公司、股份有限公司所有的,应提供公司章程、公司的权力机构审议同意出售房屋的合法书面文件;房屋属于共有的,应提供房屋共有权人同意出售房屋的书面证明。

3. 签订本合同前,房地产经纪机构应向房屋出售委托人说明本合同内容,并书面告知以下事项:(1)应由房屋出售委托人协助的事宜、提供的资料;(2)委托出售房屋的市场参考价格;(3)房屋买卖的一般程序及房屋出售可能存在的风险;(4)房屋买卖涉及的税费;(5)经纪服务内容和完成标准;(6)经纪服务收费标准、支付方式;(7)房屋出售委托人和房地产经纪机构认为需要告知的其他事项。

4. 签订本合同前,房屋出售委托人应仔细阅读本合同条款,特别是其中有选择性、补充性、修改性的内容。本合同【 】中选择内容、空格部位填写及需要删除或添加的其他内容,合同双方应协商确定。【 】中选择内容,以划√方式选定;对于实际情况未发生或合同双方不作约定的,应在空格部位打 ×,以示删除。

5. 合同双方应遵循自愿、公平、诚信原则订立本合同,任何一方不得将自己的意志强加给对方。为体现合同双方自愿原则,本合同有关条款后留有空白行,供合同双方自行约定或补充约定。合同生效后,未被修改的文本打印或印刷文字视为合同双方同意内容。

房屋出售经纪服务合同

房屋出售委托人（甲方）：＿＿＿＿＿＿＿＿＿＿＿＿＿＿＿＿＿＿

【身份证号】【护照号】【营业执照注册号】【统一社会信用代码】

【＿＿＿＿＿】：＿＿＿＿＿＿＿＿＿＿＿＿＿＿＿＿＿＿＿＿＿＿

【住址】【住所】：＿＿＿＿＿＿＿＿＿＿＿＿＿＿＿＿＿＿＿＿＿

联系电话：＿＿＿＿＿＿＿＿＿＿＿＿＿＿＿＿＿＿＿＿＿＿＿＿＿＿

代理人：＿＿＿＿＿＿＿＿＿＿＿＿＿＿＿＿＿＿＿＿＿＿＿＿＿＿＿

【身份证号】【护照号】【＿＿＿＿＿＿】：＿＿＿＿＿＿＿＿＿＿＿＿

住址：＿＿＿＿＿＿＿＿＿＿＿＿＿＿＿＿＿＿＿＿＿＿＿＿＿＿＿＿

联系电话：＿＿＿＿＿＿＿＿＿＿＿＿＿＿＿＿＿＿＿＿＿＿＿＿＿＿

房地产经纪机构（乙方）：＿＿＿＿＿＿＿＿＿＿＿＿＿＿＿＿＿＿＿

【法定代表人】【执行合伙人】：＿＿＿＿＿＿＿＿＿＿＿＿＿＿＿＿

【营业执照注册号】【统一社会信用代码】：＿＿＿＿＿＿＿＿＿＿＿

房地产经纪机构备案证明编号：＿＿＿＿＿＿＿＿＿＿＿＿＿＿＿＿＿

住所：＿＿＿＿＿＿＿＿＿＿＿＿＿＿＿＿＿＿＿＿＿＿＿＿＿＿＿＿

联系电话：＿＿＿＿＿＿＿＿＿＿＿＿＿＿＿＿＿＿＿＿＿＿＿＿＿＿

根据《中华人民共和国合同法》《中华人民共和国城市房地产管理法》《房地产经纪管理办法》等法律法规，甲乙双方遵循自愿、公平、诚信原则，经协商，就甲方委托乙方提供房屋出售经纪服务达成如下合同条款。

第一条　房屋基本状况

委托出售的房屋（以下称房屋）**【不动产权证书号】【房屋所有权证号】**

【＿＿＿＿＿】：＿＿＿＿＿＿＿＿＿；

房屋坐落：＿＿＿＿＿＿＿＿＿＿＿＿＿＿＿＿＿＿＿＿＿＿＿＿＿；

规划用途：**【住宅】【商业】【办公】【＿＿＿＿＿＿】**；

房屋权利凭证记载**【建筑面积】【套内建筑面积】【＿＿＿＿＿】：**＿＿＿＿＿平方米；

户型：＿＿＿室＿＿＿厅＿＿＿厨＿＿＿卫；朝向：＿＿＿＿＿＿＿＿＿；

所在楼层：＿＿＿＿＿＿层；地上总层数：＿＿＿＿＿＿层；电梯：**【有】【无】**。

第二条　委托挂牌价格

甲方要求房屋出售的挂牌【总价为_____万元(大写_____万元)】【单价为_____元／平方米（大写_____元／平方米)】。

甲方如果调整挂牌价格，应及时通知乙方。

第三条　经纪服务内容

乙方为甲方提供的房屋出售经纪服务内容包括：

（一）提供相关房地产信息咨询；

（二）办理房屋的房源核验，编制房屋状况说明书；

（三）发布房屋的房源信息，寻找意向购买人；

（四）接待意向购买人咨询和实地查看房屋；

（五）协助甲方与房屋购买人签订房屋买卖合同；

（六）其他：_____。

第四条　服务期限和完成标准

经纪服务期限【自____年____月____日起至____年____月____日止】【自本合同签订之日起至甲方与房屋购买人签订房屋买卖合同之日止】【_____】。

乙方为甲方提供经纪服务的完成标准为：【在经纪服务期限内，甲方与乙方引见的房屋购买人签订房屋买卖合同】【_____】。

第五条　委托权限

（一）在经纪服务期限内，甲方【放弃】【保留】自己出售及委托其他机构出售房屋的权利。*(注：如果勾选【放弃】，则房屋在经纪服务期限内即使不是由乙方出售，甲方仍可能须向乙方支付经纪服务费用。因此，当勾选【放弃】时，甲方应谨慎考虑，并关注本合同第八条的违约责任。)*

（二）甲方【同意】【不同意】在经纪服务期限内将房屋的钥匙交乙方保管，供乙方接待意向购买人实地查看房屋时使用。

第六条　经纪服务费用

（一）乙方达到本合同第四条约定的经纪服务完成标准的，经纪服务费用【全由甲方】【全由房屋购买方】【由甲方与房屋购买方分别】支付。

（二）由甲方支付的经纪服务费用，按【房屋成交总价的____％计收】【房屋成交总价分档计收，分别为：_____】【_____】。支付方式为下列第____种 *(注：只可选其中一种)*：

1．一次性支付，自乙方达到本合同第四条约定的经纪服务完成标准之日起____日内，支付经纪服务费用。

2．分期支付，具体为：_____。

3．其他方式：_____。

（三）如果因乙方过错导致房屋买卖合同无法履行的，则甲方无需向乙方支付经纪服务费用。如果甲方已支付的，则乙方应在收到甲方书面退还要求之日起10个工作日内将经纪服务费用退还甲方。

（四）其他：_____。

乙方收到经纪服务费用后，应向甲方开具正式发票。

第七条　资料提供和退还

甲方应向乙方提供完成本合同第三条约定的经纪服务内容所需要的相关有效身份证明、不动产权属证书等资料，乙方应向甲方开具规范的收件清单，对甲方提供的资料应妥善保管并负保密义务，除法律法规另有规定外，不得提供给其他任何第三方。乙方完成经纪服务内容后，除归档留存的复印件外，其余的资料应及时退还甲方。

第八条　违约责任

（一）乙方违约责任

1．乙方在为甲方提供经纪服务过程中应勤勉尽责，维护甲方的合法权益，如果有隐瞒、虚构信息或与他人恶意串通等损害甲方利益的，甲方有权单方解除本合同，乙方应退还甲方已支付的相关款项。如果由此给甲方造成损失的，乙方应承担赔偿责任。

2．乙方应对经纪活动中知悉的甲方个人隐私和商业秘密予以保密，如果有不当泄露甲方个人隐私或商业秘密的，甲方有权单方解除本合同。如果由此给甲方造成损失的，乙方应承担赔偿责任。

3．乙方遗失甲方提供的资料原件，给甲方造成损失的，乙方应依法给予甲方经济补偿。

4．其他：_____。

（二）甲方违约责任

1．甲方故意隐瞒影响房屋交易的重大事项，或提供虚假的房屋状况和相关资料，乙方有权单方解除本合同。如果由此给乙方造成损失的，甲方应承担赔偿责任。

2．甲方自行与乙方引见的意向购买人签订房屋买卖合同的，应按照【本合同第六条约定的经纪服务费用标准】【_____】向乙方支付经纪服务费用。

3．甲方放弃自己出售及委托其他机构出售房屋的权利，在本合同约定的经纪服务期限内自行或通过其他机构与第三人签订房屋买卖合同的，应按照【本合同第六条约定的经纪服务费用标准】【_____】向乙方支付经纪服务费用。

4．其他：_____。

（三）逾期支付责任

甲方与乙方之间有付款义务而延迟履行的，应按照逾期天数乘以应付款项的万分之五计算违约金支付给对方，但违约金数额最高不超过应付款总额。

第九条　合同变更和解除

变更本合同条款的，经甲乙双方协商一致，可达成补充协议。补充协议为本合同的组成部分，与本合同具有同等效力，如果有冲突，以补充协议为准。

甲乙双方应严格履行本合同，经甲乙双方协商一致，可签署书面协议解除本合同。如果任何一方单方解除本合同，应书面通知对方。因解除本合同给对方造成损失的，除不可归责于己方的事由和本合同另有约定外，应赔偿对方损失。

第十条　争议处理

因履行本合同发生争议，甲乙双方协商解决。协商不成的，可由当地房地产经纪行业组织调解。不接受调解或调解不成的，【提交_____仲裁委员会仲裁】【依法向房屋所在地人民法院起诉】【_____】。

第十一条　合同生效

本合同一式____份，其中甲方____份、乙方____份，具有同等效力。

本合同自甲乙双方签订之日起生效。

甲方（签章）：_____　　甲方代理人（签章）：_____
乙方（签章）：_____

房地产经纪人/协理（签名）：_____　　证书编号：_____
房地产经纪人/协理（签名）：_____　　证书编号：_____
联系电话：_____

签订日期：____年____月____日

附 件

1. 房屋所有权人及其代理人（有代理人的）的有效身份证明复印件。

2. 房屋的不动产权证书或房屋所有权证或其他房屋来源证明复印件。

3. 房屋所有权人出具的合法的授权委托书(代理人办理房屋出售事宜的)。

4. 公司章程、公司的权力机构审议同意出售房屋的合法书面文件（房屋属于有限责任公司、股份有限公司所有的）。

5. 房屋共有权人同意出售房屋的书面证明（房屋属于共有的）。

6. 房屋承租人放弃房屋优先购买权的书面声明、房屋租赁合同（房屋已出租的）。

房地产经纪服务合同推荐文本

合同编号：_____

房地产经纪服务合同（房屋购买）

中国房地产估价师与房地产经纪人学会 推荐

2017 年 6 月

说　明

1．为保护房屋购买委托人合法权益，规范房地产经纪服务行为，中国房地产估价师与房地产经纪人学会制定本合同文本，供房地产经纪机构与房屋购买委托人签订经纪服务合同参考使用。

2．签订本合同前，房地产经纪机构应向房屋购买委托人出示自己的营业执照和备案证明。房屋购买委托人或其代理人应向房地产经纪机构出示自己的有效身份证明原件，并提供复印件。房屋购买委托人的代理人办理房屋购买事宜的，应提供合法的授权委托书。

3．签订本合同前，房地产经纪机构应向房屋购买委托人说明本合同内容，并书面告知以下事项：(1) 应由房屋购买委托人协助的事宜、提供的资料；(2) 房屋买卖的一般程序及房屋购买可能存在的风险；(3) 房屋买卖涉及的税费；(4) 经纪服务内容和完成标准；(5) 经纪服务收费标准、支付方式；(6) 房屋购买委托人和房地产经纪机构认为需要告知的其他事项。

4．签订本合同前，房屋购买委托人应仔细阅读本合同条款，特别是其中有选择性、补充性、修改性的内容。本合同【　】中选择内容、空格部位填写及需要删除或添加的其他内容，合同双方应协商确定。【　】中选择内容，以划✓方式选定；对于实际情况未发生或合同双方不作约定的，应在空格部位打 ×，以示删除。

5．合同双方应遵循自愿、公平、诚信原则订立本合同，任何一方不得将自己的意志强加给对方。为体现合同双方自愿原则，本合同有关条款后留有空白行，供合同双方自行约定或补充约定。合同生效后，未被修改的文本打印或印刷文字视为合同双方同意内容。

房屋购买经纪服务合同

房屋购买委托人（甲方）：_____

【身份证号】【护照号】【营业执照注册号】【统一社会信用代码】
【_____】：_____

【住址】【住所】：_____

联系电话：_____

代理人：_____

【身份证号】【护照号】【_____】：_____

住址：_____

联系电话：_____

房地产经纪机构（乙方）：_____

【法定代表人】【执行合伙人】：_____

【营业执照注册号】【统一社会信用代码】：_____

房地产经纪机构备案证明编号：_____

住所：_____

联系电话：_____

根据《中华人民共和国合同法》《中华人民共和国城市房地产管理法》《房地产经纪管理办法》等法律法规，甲乙双方遵循自愿、公平、诚信原则，经协商，就甲方委托乙方提供房屋购买经纪服务达成如下合同条款。

第一条 房屋需求基本信息

规划用途：【住宅】【商业】【办公】【_____】；

所在区域：_____；

建筑面积：_____平方米至_____平方米；

户型：____室____厅____厨____卫；朝向：【南北通透】【不要全朝北】【不限】
【_____】；

电梯：【有】【无】【不限】；

价格范围：【总价_____万元至_____万元】；

【单价_____元 / 平方米至_____元 / 平方米】；

付款方式：【全款支付】【商业贷款】【公积金贷款】【组合贷款】；

其他要求：_____。

甲方如果变更房屋需求信息，应及时通知乙方。

第二条 经纪服务内容

乙方为甲方提供的房屋购买经纪服务内容包括：

（一）提供相关房地产信息咨询；

（二）寻找符合甲方要求的房屋和带领甲方实地查看；

（三）协助甲方查验房屋出售人身份证明和房屋产权状况；

（四）协助甲方办理购房资格核验；

（五）协助甲方与房屋出售人签订房屋买卖合同；

（六）其他：_____。

第三条 服务期限和完成标准

经纪服务期限【自____年____月____日起至____年____月____日止】【自本合同签订之日起至甲方与房屋出售人签订房屋买卖合同之日止】【_____】。

乙方为甲方提供经纪服务的完成标准为：【在经纪服务期限内，甲方与乙方引见的房屋出售人签订房屋买卖合同】【_____】。

第四条 经纪服务费用

（一）乙方达到本合同第三条约定的经纪服务完成标准的，经纪服务费用【全由甲方】【全由房屋出售方】【由甲方和房屋出售方分别】支付。

（二）由甲方支付的经纪服务费用，按【房屋成交总价的_____% 计收】【房屋成交总价分档计收，分别为：_____】【_____】。支付方式为下列第____种（注：只可选其中一种）：

1．一次性支付，自乙方达到本合同第三条约定的经纪服务完成标准之日起____日内，支付经纪服务费用。

2．分期支付，具体为：_____。

3．其他方式：_____。

（三）如果因乙方过错导致房屋买卖合同无法履行的，则甲方无需向乙方支付经纪服务费用。如果甲方已支付的，则乙方应在收到甲方书面退还要求之日起 10 个工作日内将经纪服务费用退还甲方。

（四）其他：＿＿＿＿＿＿＿＿＿＿＿＿＿＿＿＿＿＿＿＿＿＿＿＿＿。

乙方收到经纪服务费用后，应向甲方开具正式发票。

第五条　资料提供和退还

甲方应向乙方提供完成本合同第二条约定的经纪服务内容所需要的相关有效身份证明等资料，乙方应向甲方开具规范的收件清单，对甲方提供的资料应妥善保管并负保密义务，除法律法规另有规定外，不得提供给其他任何第三方。乙方完成经纪服务内容后，除归档留存的复印件外，其余的资料应及时退还甲方。

第六条　违约责任

（一）乙方违约责任

1．乙方在为甲方提供经纪服务过程中应勤勉尽责，维护甲方的合法权益，如果有隐瞒、虚构信息或与他人恶意串通等损害甲方利益的，甲方有权单方解除本合同，乙方应退还甲方已支付的相关款项。如果由此给甲方造成损失的，乙方应承担赔偿责任。

2．乙方应对经纪活动中知悉的甲方个人隐私和商业秘密予以保密，如果有不当泄露甲方个人隐私或商业秘密的，甲方有权单方解除本合同。如果由此给甲方造成损失的，乙方应承担赔偿责任。

3．乙方遗失甲方提供的资料原件，给甲方造成损失的，乙方应依法给予甲方经济补偿。

4．其他：＿＿＿＿＿＿＿＿＿＿＿＿＿＿＿＿＿＿＿＿＿＿＿＿＿。

（二）甲方违约责任

1．甲方故意隐瞒影响房屋交易的重大事项，或提供虚假的证明等相关资料，乙方有权单方解除本合同。如果由此给乙方造成损失的，甲方应承担赔偿责任。

2．甲方自行与乙方引见的房屋出售人签订房屋买卖合同的，应按照【本合同第四条约定的经纪服务费用标准】【＿＿＿＿＿＿】向乙方支付经纪服务费用。

3．甲方泄露由乙方提供的房屋出售人资料，给乙方、房屋出售人造成损失的，应依法承担赔偿责任；

4．其他：＿＿＿＿＿＿＿＿＿＿＿＿＿＿＿＿＿＿＿＿＿＿＿＿＿。

（三）逾期支付责任

甲方与乙方之间有付款义务而延迟履行的，应按照逾期天数乘以应付款项的万分之五计算违约金支付给对方，但违约金数额最高不超过应付款总额。

第七条 合同变更和解除

变更本合同条款的，经甲乙双方协商一致，可达成补充协议。补充协议为本合同的组成部分，与本合同具有同等效力，如果有冲突，以补充协议为准。

甲乙双方应严格履行本合同，经甲乙双方协商一致，可签署书面协议解除本合同。如果任何一方单方解除本合同，应书面通知对方。因解除本合同给对方造成损失的，除不可归责于己方的事由和本合同另有约定外，应赔偿对方损失。

第八条 争议处理

因履行本合同发生争议，甲乙双方协商解决。协商不成的，可由当地房地产经纪行业组织调解。不接受调解或调解不成的，【提交_____仲裁委员会仲裁】【依法向房屋所在地人民法院起诉】【_____】。

第九条 合同生效

本合同一式____份，其中甲方____份、乙方____份，具有同等效力。

本合同自甲乙双方签订之日起生效。

甲方（签章）：_____ 甲方代理人（签章）：_____
乙方（签章）：_____

房地产经纪人/协理（签名）：_____ 证书编号：_____
房地产经纪人/协理（签名）：_____ 证书编号：_____
联系电话：_____

签订日期：____年____月____日

附　件

房屋购买人及其代理人（有代理人的）的有效身份证明复印件。

房地产经纪服务合同推荐文本

合同编号:＿＿＿＿＿＿＿＿

房地产经纪服务合同（房屋出租）

中国房地产估价师与房地产经纪人学会　推荐
2017 年 6 月

说　明

1. 为保护房屋出租委托人合法权益，规范房地产经纪服务行为，中国房地产估价师与房地产经纪人学会制定本合同文本，供房地产经纪机构与房屋出租委托人签订经纪服务合同参考使用。

2. 签订本合同前，房地产经纪机构应向房屋出租委托人出示自己的营业执照和备案证明。房屋出租委托人或其代理人应向房地产经纪机构出示自己的有效身份证明原件，以及不动产权证书或房屋所有权证原件或其他房屋来源证明原件，并提供复印件。房屋出租委托人的代理人办理房屋出租事宜的，应提供合法的授权委托书；房屋属于共有的，应提供房屋共有权人同意出租房屋的书面证明；房屋转租的，应提供房屋所有权人同意转租房屋的书面证明。

3. 签订本合同前，房地产经纪机构应向房屋出租委托人说明本合同内容，并书面告知以下事项：(1) 应由房屋出租委托人协助的事宜、提供的资料；(2) 委托出租房屋的市场参考租金；(3) 房屋租赁的一般程序及房屋出租可能存在的风险；(4) 房屋租赁涉及的税费；(5) 经纪服务内容和完成标准；(6) 经纪服务收费标准、支付方式；(7) 房屋出租委托人和房地产经纪机构认为需要告知的其他事项。

4. 签订本合同前，房屋出租委托人应仔细阅读本合同条款，特别是其中有选择性、补充性、修改性的内容。本合同【　】中选择内容、空格部位填写及需要删除或添加的其他内容，合同双方应协商确定。【　】中选择内容，以划√方式选定；对于实际情况未发生或合同双方不作约定的，应在空格部位打 ×，以示删除。

5. 合同双方应遵循自愿、公平、诚信原则订立本合同，任何一方不得将自己的意志强加给对方。为体现合同双方自愿原则，本合同相关条款后留有空白行，供合同双方自行约定或补充约定。合同生效后，未被修改的文本打印或印刷文字视为合同双方同意内容。

房屋出租经纪服务合同

房屋出租委托人（甲方）：_____

【身份证号】【护照号】【营业执照注册号】【统一社会信用代码】

【_____】：_____

【住址】【住所】：_____

联系电话：_____

代理人：_____

【身份证号】【护照号】【_____】：_____

住址：_____

联系电话：_____

房地产经纪机构（乙方）：_____

【法定代表人】【执行合伙人】：_____

【营业执照注册号】【统一社会信用代码】：_____

房地产经纪机构备案证明编号：_____

住所：_____

联系电话：_____

根据《中华人民共和国合同法》《中华人民共和国城市房地产管理法》《房地产经纪管理办法》等法律法规，甲乙双方遵循自愿、公平、诚信原则，经协商，就甲方委托乙方提供房屋出租经纪服务达成如下合同条款。

第一条　房屋基本状况

委托出租的房屋（以下称房屋）【不动产权证书号】【房屋所有权证号】

【_____】：_____；

房屋坐落：_____；

规划用途：【住宅】【商业】【办公】【_____】；

房屋权利凭证记载【建筑面积】【套内建筑面积】【_____】：_____平方米；

户型：____室____厅____厨____卫；朝向：_____；

所在楼层：_____层；地上总层数：_____层；电梯：【有】【无】。

第二条　房屋出租基本要求

（一）租金和押金

甲方要求房屋出租的挂牌租金为【＿＿元／月（大写＿＿＿＿＿元／月）】【＿＿＿＿】。租金按【月】【＿＿】支付，押金为【＿＿＿个月租金】【＿＿＿＿】。

（二）租赁期限

房屋租赁期限：【不限】【最短＿＿年】【最长＿＿年】【＿＿年至＿＿年】【＿＿＿＿＿＿】；房屋最早交付日期：＿＿年＿＿月＿＿日。

（三）出租形式

房屋出租形式：【整套出租】【按间出租】【不限】。

房屋用于居住的，居住人数最多不得超过＿＿＿人。

（四）其他要求：＿＿＿＿＿＿＿＿＿＿＿＿＿＿＿＿＿＿＿＿＿。

甲方如果变更房屋出租要求信息，应及时通知乙方。

第三条　经纪服务内容

乙方为甲方提供的房屋出租经纪服务内容包括：

（一）提供相关房地产信息咨询；

（二）编制房屋状况说明书；

（三）发布房屋的房源信息，寻找意向承租人；

（四）接待意向承租人咨询和实地查看房屋；

（五）协助甲方与房屋承租人签订房屋租赁合同；

（六）协助甲方与房屋承租人交接房屋；

（七）其他：＿＿＿＿＿＿＿＿＿＿＿＿＿＿＿＿＿＿＿＿＿＿＿。

第四条　服务期限和完成标准

经纪服务期限【自＿＿年＿＿月＿＿日起至＿＿年＿＿月＿＿日止】【自本合同签订之日起至甲方与房屋承租人签订房屋租赁合同之日止】【＿＿＿＿＿＿】。

乙方为甲方提供经纪服务的完成标准为：【在经纪服务期限内，甲方与乙方引见的房屋承租人签订房屋租赁合同】【＿＿＿＿＿＿＿＿＿＿＿＿＿＿＿】。

第五条　委托权限

（一）在经纪服务期限内，甲方【放弃】【保留】自己出租及委托其他机构出租房屋的权利。（注：如果勾选【放弃】，则房屋在经纪服务期限内即使不是由乙方出租，甲方仍可能须向乙方支付经纪服务费用。因此，当勾选【放弃】

时，甲方应谨慎考虑，并关注本合同第八条的违约责任。）

（二）甲方【同意】【不同意】在经纪服务期限内将房屋的钥匙交乙方保管，供乙方接待意向承租人实地查看房屋时使用。

第六条　经纪服务费用

（一）乙方达到本合同第四条约定的经纪服务完成标准的，经纪服务费用【全由甲方】【全由房屋承租方】【由甲方和房屋承租方分别】支付。

（二）由甲方支付的经纪服务费用，标准为【＿＿个月租金】【＿＿＿＿＿＿】。支付方式为下列第＿＿种（注：只可选其中一种）：

1．自【乙方达到本合同第四条约定的经纪服务完成标准之日起＿＿日内】【甲方与房屋承租人完成房屋交接手续之日起＿＿日内】，一次性支付经纪服务费用。

2．其他方式：＿＿＿＿＿＿＿＿＿＿＿＿＿＿＿＿＿＿＿＿＿＿＿＿＿＿＿。

（三）如果因乙方过错导致房屋租赁合同无法履行的，则甲方无需向乙方支付经纪服务费用。如果甲方已支付的，则乙方应在收到甲方书面退还要求之日起 10 个工作日内将经纪服务费用退还甲方。

（四）其他：＿＿＿＿＿＿＿＿＿＿＿＿＿＿＿＿＿＿＿＿＿＿＿＿＿＿＿＿＿。

乙方收到经纪服务费用后，应向甲方开具正式发票。

第七条　资料提供和退还

甲方应向乙方提供完成本合同第三条约定的经纪服务内容所需要的相关有效身份证明、不动产权属证书等资料，乙方应向甲方开具规范的收件清单，对甲方提供的资料应妥善保管并负保密义务，除法律法规另有规定外，不得提供给其他任何第三方。乙方完成经纪服务内容后，除归档留存的复印件外，其余的资料应及时退还甲方。

第八条　违约责任

（一）乙方违约责任

1．乙方在为甲方提供经纪服务过程中应勤勉尽责，维护甲方的合法权益，如果有隐瞒、虚构信息或与他人恶意串通等损害甲方利益的，甲方有权单方解除本合同，乙方应退还甲方已支付的相关款项。如果由此给甲方造成损失的，乙方应承担赔偿责任。

2．乙方应对经纪活动中知悉的甲方个人隐私和商业秘密予以保密，如果有不当泄露甲方个人隐私或商业秘密的，甲方有权单方解除本合同。如果由此给甲方造成损失的，乙方应承担赔偿责任。

3．乙方遗失甲方提供的资料原件，给甲方造成损失的，乙方应依法给予甲方经济补偿。

4．其他：＿＿＿＿＿＿＿＿＿＿＿＿＿＿＿＿＿＿＿＿＿＿＿＿＿＿。

（二）甲方违约责任

1．甲方故意隐瞒影响房屋交易的重大事项，或提供虚假的房屋状况和相关资料，乙方有权单方解除本合同。如果由此给乙方造成损失的，甲方应承担赔偿责任。

2．甲方自行与乙方引见的意向承租人签订房屋租赁合同的，应按照【本合同第六条约定的经纪服务费用标准】【＿＿＿＿】向乙方支付经纪服务费用。

3．甲方放弃自己出租及委托其他机构出租房屋的权利，在本合同约定的经纪服务期限内自行或通过其他机构与第三人签订房屋租赁合同的，应按照【本合同第六条约定的经纪服务费用标准】【＿＿＿＿】向乙方支付经纪服务费用。

4．其他：＿＿＿＿＿＿＿＿＿＿＿＿＿＿＿＿＿＿＿＿＿＿＿＿＿＿。

（三）逾期支付责任

甲方与乙方之间有付款义务而延迟履行的，应按照逾期天数乘以应付款项的万分之五计算违约金支付给对方，但违约金数额最高不超过应付款总额。

第九条　合同变更和解除

变更本合同条款的，经甲乙双方协商一致，可达成补充协议。补充协议为本合同的组成部分，与本合同具有同等效力，如果有冲突，以补充协议为准。

甲乙双方应严格履行本合同，经甲乙双方协商一致，可签署书面协议解除本合同。如果任何一方单方解除本合同，应书面通知对方。因解除本合同给对方造成损失的，除不可归责于己方的事由和本合同另有约定外，应赔偿对方损失。

第十条　争议处理

因履行本合同发生争议，甲乙双方协商解决。协商不成的，可由当地房地产经纪行业组织调解。不接受调解或调解不成的，【提交＿＿＿＿＿＿＿仲裁委员会仲裁】【依法向房屋所在地人民法院起诉】【＿＿＿＿＿＿＿＿＿】。

第十一条　合同生效

本合同一式＿＿＿份，其中甲方＿＿＿份、乙方＿＿＿份，具有同等效力。

本合同自甲乙双方签订之日起生效。

甲方（签章）：＿＿＿＿＿＿＿＿＿　　甲方代理人（签章）：＿＿＿＿＿＿＿＿

乙方（签章）：＿＿＿＿＿＿＿＿＿

房地产经纪人／协理（签名）：＿＿＿＿＿＿　　证书编号：＿＿＿＿＿＿＿＿

房地产经纪人／协理（签名）：＿＿＿＿＿＿　　证书编号：＿＿＿＿＿＿＿＿

联系电话：＿＿＿＿＿＿＿＿＿＿＿＿＿＿＿

签订日期：＿＿＿年＿＿＿月＿＿＿日

附　件

1．房屋所有权人及其代理人（有代理人的）的有效身份证明复印件。
2．房屋的不动产权证书或房屋所有权证或其他房屋来源证明复印件。
3．房屋所有权人出具的合法的授权委托书(代理人办理房屋出租事宜的)。
4．房屋共有权人同意出租房屋的书面证明（房屋属于共有的）。
5．房屋所有权人同意转租房屋的证明（房屋转租的）。

房地产经纪服务合同推荐文本

合同编号：＿＿＿＿＿＿＿＿＿

房地产经纪服务合同（房屋承租）

中国房地产估价师与房地产经纪人学会　推荐

2017 年 6 月

说 明

1. 为保护房屋承租委托人合法权益，规范房地产经纪服务行为，中国房地产估价师与房地产经纪人学会制定本合同文本，供房地产经纪机构与房屋承租委托人签订经纪服务合同参考使用。

2. 签订本合同前，房地产经纪机构应向房屋承租委托人出示自己的营业执照和备案证明。房屋承租委托人或其代理人应向房地产经纪机构出示自己的有效身份证明原件，并提供复印件。房屋承租委托人的代理人办理房屋承租事宜的，应提供合法的授权委托书。

3. 签订本合同前，房地产经纪机构应向房屋承租委托人说明本合同内容，并书面告知以下事项：(1) 应由房屋承租委托人协助的事宜、提供的资料；(2) 房屋租赁的一般程序及房屋承租可能存在的风险；(3) 房屋租赁涉及的税费；(4) 经纪服务内容和完成标准；(5) 经纪服务收费标准、支付方式；(6) 房屋承租委托人和房地产经纪机构认为需要告知的其他事项。

4. 签订本合同前，房屋承租委托人应仔细阅读本合同条款，特别是其中有选择性、补充性、修改性的内容。本合同【 】中选择内容、空格部位填写及需要删除或添加的其他内容，合同双方应协商确定。【 】中选择内容，以划√方式选定；对于实际情况未发生或合同双方不作约定的，应在空格部位打 ×，以示删除。

5. 合同双方应遵循自愿、公平、诚信原则订立本合同，任何一方不得将自己的意志强加给对方。为体现合同双方自愿原则，本合同相关条款后留有空白行，供合同双方自行约定或补充约定。合同生效后，未被修改的文本打印或印刷文字视为合同双方同意内容。

房屋承租经纪服务合同

房屋承租委托人（甲方）：_____

【身份证号】【护照号】【营业执照注册号】【统一社会信用代码】
【_____】：_____

【住址】【住所】：_____

联系电话：_____

代理人：_____

【身份证号】【护照号】【_____】：_____

住址：_____

联系电话：_____

房地产经纪机构（乙方）：_____

【法定代表人】【执行合伙人】：_____

【营业执照注册号】【统一社会信用代码】：_____

房地产经纪机构备案证明编号：_____

住所：_____

联系电话：_____

根据《中华人民共和国合同法》《中华人民共和国城市房地产管理法》《房地产经纪管理办法》等法律法规，甲乙双方遵循自愿、公平、诚信原则，经协商，就甲方委托乙方提供房屋承租经纪服务达成如下合同条款。

第一条　房屋需求基本信息

规划用途：**【住宅】【商业】【办公】【_____】**；

所在区域：_____；

建筑面积：_____平方米至_____平方米；

户型：___室___厅___厨___卫；

朝向：**【南北通透】【不要全朝北】【不限】【_____】**；

电梯：**【有】【无】【不限】**；

租金范围：**【_____元／月至_____元／月】【_____】**；

租赁期限：【___年】【_____】；最晚入住日期：____年____月____日；

承租形式：【整套承租】【合租】【不限】；

其他要求：_____。

甲方如果变更房屋需求信息，应及时通知乙方。

第二条 经纪服务内容

乙方为甲方提供的房屋承租经纪服务内容包括：

（一）提供相关房地产信息咨询；

（二）寻找符合甲方要求的房屋和带领甲方实地查看；

（三）协助甲方与房屋出租人签订房屋租赁合同；

（四）协助甲方与房屋出租人交接房屋；

（五）其他：_____。

第三条 服务期限和完成标准

经纪服务期限【自____年____月____日起至____年____月____日止】【自本合同签订之日起至甲方与房屋出租人签订房屋租赁合同之日止】【_____】。

乙方为甲方提供经纪服务的完成标准为：【在经纪服务期限内，甲方与乙方引见的房屋出租人签订房屋租赁合同】【_____】。

第四条 经纪服务费用

（一）乙方达到本合同第三条约定的经纪服务完成标准的，经纪服务费用【全由甲方】【全由房屋出租方】【由甲方和房屋出租方分别】支付。

（二）由甲方支付的经纪服务费用，标准为【___个月租金】【_____】。支付方式为下列第____种（注：只可选其中一种）：

1．自【乙方达到本合同第三条约定的经纪服务完成标准之日起___日内】【甲方与房屋出租人完成房屋交接手续之日起___日内】，一次性支付经纪服务费用。

2．其他方式：_____。

（三）如果因乙方过错导致房屋租赁合同无法履行的，则甲方无需向乙方支付经纪服务费用。如果甲方已支付的，则乙方应在收到甲方书面退还要求之日起10个工作日内将经纪服务费用退还甲方。

（四）其他：_____。

乙方收到服务费用后，应向甲方开具正式发票。

第五条　资料提供和退还

甲方应向乙方提供完成本合同第二条约定的经纪服务内容所需要的相关有效身份证明等资料，乙方应向甲方开具规范的收件清单，对甲方提供的资料应妥善保管并负保密义务，除法律法规另有规定外，不得提供给其他任何第三方。乙方完成经纪服务内容后，除归档留存的复印件外，其余的资料应及时退还甲方。

第六条　违约责任

（一）乙方违约责任

1．乙方在为甲方提供经纪服务过程中应勤勉尽责，维护甲方的合法权益，如果有隐瞒、虚构信息或与他人恶意串通等损害甲方利益的，甲方有权单方解除本合同，乙方应退还甲方已支付的相关款项。如果由此给甲方造成损失的，乙方应承担赔偿责任。

2．乙方应对经纪活动中知悉的甲方个人隐私和商业秘密予以保密，如果有不当泄露甲方个人隐私或商业秘密的，甲方有权单方解除本合同。如果由此给甲方造成损失的，乙方应承担赔偿责任。

3．乙方遗失甲方提供的资料原件，给甲方造成损失的，乙方应依法给予甲方经济补偿。

4．其他：＿＿＿＿＿＿＿＿＿＿＿＿＿＿＿＿＿＿＿＿＿＿＿＿＿＿＿。

（二）甲方违约责任

1．甲方故意隐瞒影响房屋交易的重大事项，或提供虚假的证明等相关资料，乙方有权单方解除本合同。如果由此给乙方造成损失的，甲方应承担赔偿责任。

2．甲方自行与乙方引见的房屋出租人签订房屋租赁合同的，应按照【本合同第四条约定的经纪服务费用标准】【＿＿＿＿＿】向乙方支付经纪服务费用。

3．甲方泄露由乙方提供的房屋出租人资料，给乙方、房屋出租人造成损失的，应依法承担赔偿责任。

4．其他：＿＿＿＿＿＿＿＿＿＿＿＿＿＿＿＿＿＿＿＿＿＿＿＿＿＿＿。

（三）逾期支付责任

甲方与乙方之间有付款义务而延迟履行的，应按照逾期天数乘以应付款项的万分之五计算违约金支付给对方，但违约金数额最高不超过应付款总额。

第七条　合同变更和解除

变更本合同条款的，经甲乙双方协商一致，可达成补充协议。补充协议为本合同的组成部分，与本合同具有同等效力，如果有冲突，以补充协议为准。

甲乙双方应严格履行本合同，经甲乙双方协商一致，可签署书面协议解除本合同。如果任何一方单方解除本合同，应书面通知对方。因解除本合同给对方造成损失的，除不可归责于己方的事由和本合同另有约定外，应赔偿对方损失。

第八条　争议处理

因履行本合同发生争议，甲乙双方协商解决。协商不成的，可由当地房地产经纪行业组织调解。不接受调解或调解不成的，【提交＿＿＿＿仲裁委员会仲裁】【依法向房屋所在地人民法院起诉】【＿＿＿＿＿＿＿＿＿＿＿＿＿】。

第九条　合同生效

本合同一式＿＿份，其中甲方＿＿份、乙方＿＿份，具有同等效力。

本合同自甲乙双方签订之日起生效。

甲方（签章）：＿＿＿＿＿＿＿　　　甲方代理人（签章）：＿＿＿＿＿＿＿
乙方（签章）：＿＿＿＿＿＿＿

房地产经纪人/协理（签名）：＿＿＿＿＿　　证书编号：＿＿＿＿＿＿＿＿
房地产经纪人/协理（签名）：＿＿＿＿＿　　证书编号：＿＿＿＿＿＿＿＿
联系电话：＿＿＿＿＿＿＿＿＿＿＿

签订日期：＿＿年＿＿月＿＿日

附　件

房屋承租人及其代理人（有代理人的）的有效身份证明复印件。